神父さま、あなたをゆるします

ダニエル・ピッテ著
ミシュリーヌ・レポン協力
古川　学訳

フリープレス刊

FREE PRESS

早く逝ってしまった友、ジョルジュへ
妻ヴァレリーと6人の子供たち
グレゴア、マチルド、リュドヴィク、シモン、アン・レア、エドゥアルへ
私をずっと支えてきてくれた人たちへ
いまだ口を開くことができずにいるすべての犠牲者たちへ

教皇フランシスコによる序文

児童性虐待の犠牲者にとって、その体験を語ったり、年月を経てもなお消えることのないトラウマ[※1]について記したりすることは、簡単なことではありません。

だからこそ、ダニエル・ピッテ氏の証言は必要で価値があり、そして勇気ある行為だったと言えるのです。


私は2015年「奉献生活の年」に、バチカンで初めてダニエルと出会いました。彼はその時『愛するとは、全てを与えること』というタイトルの本のキャンペーンをしていました。その本は、複数の修道士や修道女、司祭らの信仰の証《あか》しをまとめたものです。私は、この敬虔《けいけん》で情熱的なキリスト者が、一人の司祭による性暴力の犠牲者であるとは思ってもいませんでした。しかし、彼は打ち明けてくれたのです。彼が被《こうむ》った苦しみに、私は打ちのめされました。

それがあって私は、いま一度、性暴力による被害の恐ろしさと、犠牲者がその後歩まなければならない長く苦しい道のりを、根本から見つめ直すに至りました。


彼の証言を読んで、教会に仕える者の心にさえ悪が入り込むことを、どうか知っていただきたいと思います。

いったいどうして、キリストの僕《しもべ》、教会の僕である司祭が、これほどの悪事に手を染めてしまうのでしょうか。いったいどうして、子供たちを神に導くために人生を捧げたはずの司祭が、子供たちを己《おのれ》の欲望の対象にしてしまうのでしょうか。これはまさに、子供たちは言うまでもなく、教会の営みをも破滅に至らせる「悪魔の仕業」以外の何ものでもありません。
犠牲者の中には、自ら命を絶ってしまう人もいます。その死ほど心に重くのしかかるものはなく、私の良心、そして教会の良心をも責め苦しめます。このような犠牲者の家族に私は、哀悼の意を表しながら、ただひたすらゆるしを乞《こ》うだけです。

子供への性虐待は言語道断の、恐ろしい罪であり、キリストが私たちに教えてくださっていることを根底から覆《くつがえ》すものです。イエスは、子供を虐《しいた》げる者に対し、厳しい言葉を投げかけています。「わたしを信じるこれらの小さい者の一人をつまずかせる者は、大きな石臼を首に懸けられて、深い海に沈められる方がましである。」（マタイによる福音書18章6節）

私たちの教会は、私が2016年6月4日に公表した使徒的書簡『いつくしみ深い母のように』[※2]でも述べたように、とりわけ小さく弱い立場の人たちに対して、愛情をもって接し守ってゆくべき義務があります。それに背く司祭に対しては、厳罰をもって対処すると明言してきました。こ

※1　原文は「ペドフィリア（英：pedophilia）」。「児童性愛」とも「小児性愛」とも訳される。本書では、著者が性虐待を受けていた時期が児童期に当たることから「児童性愛」の訳で統一。
※2　自発教令（モトゥ・プロプリオ）の形式による使徒的書簡。司祭による児童性虐待をなおざりにした司教の罷免に関する手続きについて定めたもの。教会内の児童性愛者へ対する警鐘と考えられる。

れまで司教や枢機卿などによって行われてきたような、教会組織ぐるみの罪を隠匿する行為に対しても、同様に対処します。

不幸な出来事の被害者でありながら、ダニエル・ピッテ氏は、教会の別な側面を見つめることができました。それによって彼は、人間と神に対する希望を失わずにいることができたのです。彼はまた、私たちに祈りの力も教えてくれています。彼は祈りを忘れることなく、「祈ることによって長く暗い闇から抜け出すことができた」と語っています。

ダニエル氏は44年の時を経て、彼を迫害した者と会うこと、彼の心の奥底にまで深い傷を与えた者と直接向き合うことを決心しました。そして彼は、自らその迫害者に手を差し出したのです。そこに立っていたのは、弱く虐げられたままの子供ではなく、自立した一人の成人でした。ダニエル氏の言葉は、私の胸を大きく揺すぶります。「私が彼を恨んでいないことが信じられないという人も多いでしょう。しかし私は彼をゆるしました。そして、そのゆるしの上に新しい人生を築いたのです」。

私は、ダニエル氏に感謝します。なぜなら、彼はそれまでの〝不祥事を表沙汰にせず、被害者の苦悩をも葬ってきた沈黙の壁〟を破り、隠され続けてきた教会の恥ずべき一面を明らかにしてくれたからです。彼の証言は、教会の立ち直り、そして和解への道を開くものです。児童性愛者も、自分の行為が子供たちにどれほど恐ろしい影響を与えるかに気づくはずです。

ダニエル、そして幼い頃彼と同じような被害に遭《あ》った人たちのために祈ります。どうか神よ、彼らを癒《いや》し、立ち上がる力を与えてください。そして、私たちにゆるしといつくしみを与えてくださいますように。

２０１６年12月６日
フランシスコ

Francesco
6.12.2016

神父さま、あなたをゆるします——目次

１９５９年６月10日。父は、母を殺そうとしました。大きなナイフを手にして、それを母の喉元《のどもと》に押し付けました。恐怖で体がすくんでしまった姉の目の前で、半狂乱の母は、ナイフを下ろしてくれるよう叫びました。しかし、無駄でした。父はナイフを下ろしたものの、髭剃《ひげそ》り用のカミソリを手にし、母のお腹に聖アンデレ十字※3のような傷を刻んだのです。母のお腹の中にはその時私がいて、すでに胎内で動くほどに成長していました。母は妊娠９ヵ月で、母のお腹＝《イコール》私でした。この忌《い》まわしい出来事は、私の人生を決定づけたようです。

１９５９年の７月10日に私は生まれました。私の人生の始まりは最悪でした。なにしろ、死に損ないとして生まれてきたのですから。

※３　キリストの十二使徒の一人、聖アンデレが処刑されたとされる十字架を模した、Ｘ字型の斜め十字。

幼年期の混沌《カオス》

私の両親は、よい夫婦ではありませんでした。父は屈強で熟練の左官職人でしたが、家族のことはほとんど顧《かえり》みない人でした。それに対して母は、知的で品があり、教養のある女性でした。

母方の祖母アリスの先祖はフランス人で、祖母はかなりの農地を抱えた地主の一家の生まれでした。しかし、戦争のために困窮《こんきゅう》してフランスを離れ、ジュネーブに移り住むことを余儀なくされました。祖母は『すっかり落ちぶれてしまった』と感じていました。祖母の父が、ジュネーブでは日雇いの仕事にしか就くことができなかったからです。

それでも、家族は一定の生活水準と先祖代々の教育水準を保っていました。祖母は、身なりの整った清らかな女性でした。私たちを細やかに、厳しく躾《しつ》けてくれました。食事のテーブルには、立派な銀の食器セットが並べられ、その出所に私たちは大いに興味をそそられたものです。

結婚を機に、祖母アリスはジュネーブを離れ、フリブール州のロモンに移り住みました。祖母の夫、私にとっては祖父のエリーは農家の息子でした。当時どこでもそうだったように、祖父も10人は兄弟がいるような大家族の出身でした。祖父の両親は、子供たちが幼い頃、若くして世を去りました。祖父は、成人するかしないかのうちに、叔父の経営する会社の運転手になりました。さまざまな人を乗せて、彼はあちこちで聞き集めた面白おかしい話をするのが好きだったようです。しかし、両親と同じように、祖父も早世してしまいます。財産らしきものは何もなく、妻の祖母と3人の子供を残したままでした。「何か店を開きなさい。必要なお金は貸すから」と、親戚の1人が勧めてくれたそうです。祖母はその申し出を受け入れ、文具店を開きました。おかげで、子供たちを養うことができたのです。何かがあればすぐに、互いに助け合おうと一致団結するのが、私の母方の親戚でした。

祖父エリーには信心深い妹がいて、「女子パウロ会」の名で知られる聖パウロ女子修道会の修道女になっていました。この大叔母が、後に私の人生において大きな役割を果たしてくれることになります。

サンタンヌ教会で遊ぶピッテ家の子どもたち。
奥右が著者・ダニエル（1966年）

女子パウロ会は、一般社会と密接に連携し、メディアを通して宣教していきます。そのため〈社会に向けて大きく窓を広げ、息吹きを注いでいる会〉として評価されています。母は、叔母と同じように修道女になりたかったようです。それで修道院に入り、女子パウロ会のシスターたちのもとで1年間を過ごしましたが、その頃、父と出会い、心を奪われてしまいました。

それを祖母に話すと、祖母はその青年の教会での評判を聞くために、主任司祭を訪ねました。何かあると司祭に情報を求めるのは、よくあることでした。主任司祭はその青年について、「特に問題になるようなことはない」と答え、「すばらしい侍者だ」とつけ加えました。信仰心の篤《あつ》い祖母の目には、父はよい気質をもった青年と映ったのでしょう。

こうして祖母は、母が修道院を出て結婚することを認めたのです。しかし母は、自分の選択について何か強い不安を感じていて、妹にそれを打ち明けていました。その時、父が精神疾患で苦しんでいたことは、誰にも想像することができないことでした。

2人は結婚しました。姉と兄が生まれ、何年か後、家族はジュネーブに引っ越しました。

1959年の6月10日、父は妊娠9ヵ月の母に切り付けました。救急隊が駆けつけて母を助け、父は警察に連れて行かれ、そのまま数ヵ月間、精神科の病院に入院させられました。偏執症に罹《かか》っていたとのことです。心的外傷《トラウマ》が大きいことから、母はジュネーブを離れ、ロモンの祖母のもとで生活することを決めました。

しかし父は退院すると、私たちのところにやって来ました。祖母は悲嘆に暮れました。父はその地で大理石加工の工場に採用され、その後母は2度妊娠することになります。父の仕事は長続きせず、やがてローザンヌで働くようになりました。

私は小さかったので、この頃についてはあいまいな記憶しかありません。覚えているのは、父がローザンヌに住んでいて、毎週日曜の午後に私たちのところへやって来たことです。しかし父は、その日の夕方にはさっさとローザンヌに帰ってしまうのでした。

私たちは、父に会うのが楽しみでした。いっしょに何か特別なことをしたというわけではないのですが、私たちをよくロモンの街まで連れて行き、飲み物を買ってくれました。私は父が大好きでしたから、父と過ごすことができてとても嬉しかったのを覚えています。

しかし祖母の考えは違っていました。父には永遠に私たちから離れてどこかへ行ってほしいと願っていました。父と出かけて帰ると、祖母は私たちに根掘り葉掘り訊《き》いてきました。父が私たちをどこに連れて行って、どのようなことを言っていたかを知りたがったのです。私たちの説明に意見を言ったり、批判を加えたりすることもありました。

私には、この時間がとても苦痛でした。幼い私は、父の精神が病んでいることを理解できませんでした。子供が、自分の父親を無条件に好きなのは当たり前です。今でも、その日の出来事を、声をひそめながら祖母に話していた記憶がはっきりと残っています。

１９６５年、５歳の時、私は大病を患《わずら》いました。母は、毎日仕事を終えた後、病院に駆けつけてくれました。尿毒症の危険があり、何度も輸血をする必要がありました。私はやせっぽちで弱々しく、周囲の人々は皆『良くなる見込みはない』と考えていたようです。入院中のある時、偶然に、母と主治医の会話を聞いてしまいました。自分のことを話しているのだとすぐ気づきました。

私は、自分が死に向かっているということを知りました。しかし私はそれを聞いたとき、大して失望もしませんでした。むしろ、たくさんの天使に囲まれた天国の方がよいと思っていたくらいです。それに、私は病院が好きでした。皆が親切にしてくれるからです。医師は優しく、看護師らもとても献身的でした。私が入院していたのは6ヵ月間で、やがて回復し、家に帰れるようになりました。

入院中、長期にわたって私を診てくれたラング先生とは、その後もよい関係にありました。入院したことで、絆《きずな》がより深まったのです。心の広い先生は私に目をかけてくれていて、たびたび自宅にも招いてくれました。水曜日にはいつも先生の家に行き、子供向けのテレビ番組を見せてもらっていました。私の家にはテレビがなかったので、心躍《おど》るひと時でした。当時、テレビは裕福な家庭にしかなかったのです。先生は時々、私の手にこっそりと何フランかのお金を握らせてくれました。それ以外にも先生は、なにくれとなく私を助けてくれました。私が先生を必要としていることを知っていたからです。後に、よんどころない事情によってロモンを離れることになった時、私はもう二度と先生には会えないだろうと思っていました。

30年後のある日曜日、ロモンのフィーユ・デユ通りにあるシトー会修道院のミサに行った時のことです。私の隣には、年配の男性が座っていました。聖堂を出る時、その男性に「よい日曜日を」と挨拶すると、笑顔で応えてくれました。

「よい日曜日を。今日は私の誕生日なんだ！」

私はあっけにとられ、彼の顔を覗き込みました。

「なんという偶然！　私も今日が誕生日なんです。お名前は？」

「私はラング。ロモンで医者をしています」

「ラング先生ですって？　私はダニエル・ピッテです」

彼の顔に驚きが見えました。

「ダニエル・ピッテ？　君が、あのダニエル？　小さくて死にそうだったあの子が、今ここに？　信じられないよ！」

私たちは、抱き合って再会を喜び合いました。30年前、私にしてくれた親切の数々に、その日ようやくお礼を言うことができました。１００歳ぐらいになっているとばかり思っていましたが、実際には、先生は75歳でした。

教会のベンチでの再会は、まるで奇蹟のような出来事でした。しかし、もう先生に会うことは叶いません。先生が亡くなったことを知らされたのは、それから2年後でした。

末の妹が生まれて間もない頃から、父に、おかしな振る舞いが見られるようになってきました。ばかげた話を吹聴して回るようになったのです。カフェにコーヒーを飲みに行って「娘たちは自分の子ではない」と言いふらしました。ご丁寧に、子供たちはそれぞれが違った〝町の名士〟の子だと言うのです。姉は司祭の子、兄は弁護士の子、私が医者の子、弟は祖母の家の大家の子、妹が知事の子、という具合です。わざわざ地元でよく知られた人の名を出し、それらの人がすべて母の愛人であって、子供たちの父親だと言うのです。父は、完全に病気でした。

　この馬鹿げた言動は、家族の間に大きな災害をもたらしました。私たちは、ロモンから離れるように言われました。噂話が、単なる冗談では済まされないほどのものだったからです。「奥さん、あなたのせいではありません。でも、ロモンを離れた方がいい。これ以上ここに住み続けることはできません」と知事が言いました。

　ロモンを出る？　何ということでしょう。母も祖母も、ずっと住んできた町です。どこへ行けるというのでしょうか。お金だってありません。祖母は、文具店を経営することで長年家計を支えてきました。お客さんたちを連れてロモンを出ることなど不可能です。この先、祖母や母や私たちはどこで何をして生きて行けばよいのでしょうか。押し寄せる不安で、祖母の頭の中はいっぱいになりました。これほどの失望はありません。娘と孫たちを養って行かなければならないのです。

　私たちは追い出されるのです。馬鹿げた噂話を止めるために、私たちの存在を消すことを町の人々は選んだのでした。病気の父のたわごとを真《ま》に受けた人々によって、私たちが住み慣れた町から追放されるなど、こんな理不尽はありません。このようなことが起こることは、普通あり得ないと思います。

　ともあれ、私たちは、生きて前を向いて進んで行かなければならず、これ以上ないほどの苦しみを味わいました。

祖母には、大きなトラウマが残りました。祖母は、地元でよく知られた商人であり、多くの人から尊敬されていました。すべてを失った祖母は、それでも私たちと共に生きる道を選びました。

同じ頃、父は私たちの前から姿を消しました。知事の公式な証明書が発行され、両親は離婚しました。私たち兄弟は、ローザンヌの心理士のところへ赴き、お決まりのようにこの馬鹿げた事件が私たちの心にもたらした影響について、聞き取りを受けました。やがて、審判が下りました。

「父親は今後、子供たちと会ってはならない。心理的に大きな影響を与える恐れがある」

母と祖母は、それを私たちに伝えました。私は8歳でした。それ以降、私たちは、他人には「父親は死んだ」と言うことにしました。馬鹿げた経緯《いきさつ》を話すより、そう言ってしまった方がよほど楽というものです。初めはもちろん、心の中では『生きている』と思っていました。しかしその後、時の流れとともに、いつも「父は死んだ」と言っていることもあって、〝本当に死んでしまった〟という気持ちになっていったのです。

このような前代未聞の状況の中で、最も驚いたことは、一方で私たちを排除する人がいれば、もう一方で支えてくれる人がいたことです。初め、私たちはベルンに行くことになっていました。ベルンなど、私たちにとっては「世界の果て」に等しい町でした。私の家族には、そこまで行くための交通手段さえありません。ベルンへ行くということは〈フランス語圏のスイスを完全に離れ、まったく知らない外国同然の地で生活しなければならない〉ということを意味していたのです。

ベルンはスイス連邦の首都で、ドイツ語圏の都市です。人々はドイツ語を話しますが、私たち家族の中にこの言葉を話せる者はいませんでした。しかし、修道女の大叔母を通して、幸運が舞い込んできました。彼女が私たちの苦境を知り、支援に乗り出したのです。女子パウロ会の前修道院長は、政治と宗教が密接に結びついたこの地域の社会に影響力がありました。１９６７年、知人たちの尽力で、大叔母は私たちをフリブールに移すことができました。フリブールは、２言語を公用語とする、同名の州の州都です。私たちにとっては、願ってもいないことでした。なぜならフリブールは大きな町で、誰も私たちを知る人がいなかったからです。これで大手を振って町を歩けます。援助の手を差し伸べた「彼ら」は、手ごろな家賃のアパートも見つけてくれました。

私が助けてくれた人々を「彼ら」と呼ぶのは、ロモンからフリブールへの転居の話をまとめ、行政にかけ合い、金銭的な援助をしてくれたのが誰だったのか、今でもよく分からないからです。

家庭から家庭へ

予想に反して、フリブールでの生活は快適でした。私たちは、モラ通りにある、大きな葬儀屋と同じ建物に住むことになりました。山の手の古い通りで、あちこちにたくさんの修道院があり、通りの奥には大聖堂が聳《そび》え立っていました。

私たちは、カプチン会の修道院から100メートルも離れていないところに住んでいました。ロモンの古いアパートを離れ、低所得世帯向けの共同住宅に越してきたわけですが、建物は新しく、4つの大きな部屋と、小さな部屋が1つ、そして真新しいキッチンもありました。

私は、兄と弟と一緒の部屋でした。祖母にとってよかったのは、バルコニーから大聖堂が望めたことです。恐れ多いことでした。近所の人たちは気さくで、特にアパートの守衛とは仲良しでした。学校は近くにあり、すぐに溶け込むことができました。母は、外国人警察の事務所で働くことになりました。大変な状況のもとフリブールに落ち着いた祖母と母は、こうして、とりあえずは失った生活を取り戻したのです。

しかしながら、母の給料は微々たるものだったので、私たちはとても貧乏でした。女子パウロ会のシスターたちが、私たちのことをいつも気にかけてくれました。毎日、調理担当のシスター・ジャンヌが、修道院での余りものを容器に詰めて残してくれていました。私がそれを取りに行き、祖母が温め直して家族でいただきました。そのおかげで食費がほとんどかからず、必要なものにお金を回すことができたのです。シスター・ジャンヌの尽力で、私たちはフリブールで人並みの生活を送ることができました。運よく豊かである人は、そうでない人を少しでも経済的に援助しようという時代でした。

私はといえば、すぐにちょっとした仕事を始めました。庭師のように芝生や牧草を刈ったり、買い物に行ったり、家の掃除をしたりしました。いくつかの家でこのような仕事をさせてもらうことで、わずかですがお金をかせぐことができました。こうしたことも、私にはとても楽しい経験でした。

たとえば、ある時私は、弟と一緒に「ダイス家」の買い物の仕事を頼まれました。息子のジョゼフ[※4]は、後にスイス連邦の大統領となった人です。4人の息子は、私より10歳以上年上でした。彼らの家庭的な雰囲気の中にいると、私も温かい気持ちになれました。彼らは、私のことを快く迎え入れてくれました。

ダイス氏は、私たち兄弟に月の手当てを与えてくれました。母はそれを銀行の私名義の口座に預けていました。後に、私が現金の預け入れができる年齢になった時、残高がかなりの額になっていたのを知って驚きました。ダイス家には、週に2度通っていました。私は優しく公平なダイス婦人が大好きでした。買い物のお釣りを彼女のところへ持って行くと、いつも私の前でそれを数え、褒めてくれるのでした。このような日頃の態度から、私は彼女を尊敬していました。ダイス氏には、後に堅信式での代父をお願いするようになります。ダイス家では、美味しい朝食の思

※4　ジョゼフ・ダイス（Joseph Deiss、1946-）。スイス連邦の政治家。連邦大統領（2004）、国際連合総会議長（2010）を歴任。

い出もあります。焼き立てのパンにチーズ、新鮮なバターなど、どれもが私の家では食べることのできない上等なものでした。シナルコという、炭酸のオレンジジュースは、ダイス家でしか飲めないものでした。

ダイス夫妻は、私を本当に大事にしてくれました。ダイス夫人が亡くなるまで、毎週、ダイス家に通っていました。

豊かな家庭と関わりをもったことで、母は私たち兄弟を、もっと上の学校へ通わせたいと思うようになりました。フリブールの名士の子たちの多くは、伝統ある名門校、サン・ミシェル高等学校へ通っていました。残念ながら、私は、そこへ入学できるようなエリート階級に属していませんでした。

しかも、私に上級学校へ行けるだけの学力があるかも疑問でした。幼年期から私は、家柄が社会的にどれほど重要であるかを知っていました。私たち家族の貧しさは、祖母と母に重く負担をかけていました。母は、結婚前の姓に戻そうとさえしました。「ピッテ」よりも、由緒ある姓にと思ったようです。私は12歳でしたが、姓を変えたところで生活は変わらないことを知っていました。私たちは貧しく、姓が何になろうとも、その状況が変わるはずはなかったのです。

小さい頃から私は、外を出歩くのが好きでした。フリブールは、歴史が積み重なってできた町です。旧市街は下町で、サリーヌ川の蛇行部に築かれました。新市街は山の手に位置し、その地域を統治する大聖堂を囲むように広がっています。私たちは、大聖堂からほど近い、下町と山の手の間に住んでいました。裕福な家庭の買い出しの仕事をしていたので、町のほとんどの店となじみになりました。人々は、皆私の顔見知りでした。私は好奇心旺盛で、おしゃべり好きな子供でした。

母はずっと仕事をしていたので、あまり一緒にいることができなくなりました。私たちは、当時としては、ちょっと珍しい家族でした。家族は父親と母親と子供たちから成り、母は家にいて、父が外で働くというのが、１９６０年代の一般的な家族だったからです。なにしろスイスでは、女性の参政権が認められるのは、１９７０年代になってからのことなのです。

私は、物心がつくまで、２人の女性によって教育されました。そこには男性が欠けていました。母と祖母は、信仰心の篤《あつ》い敬虔な女性でした。さらには、フリブールという土地柄もあり、私は完全にカトリック的で厳格な教育を受けたのです。市内にはたくさんの修道院があり、修道服をまとった修道士たちが歩く姿を、町の至るところで見ることができました。

私たちの家庭の雰囲気は、宗教的かつ保守的でした。客間には、教皇ヨハネ23世と地元の司教、そして第二次世界大戦時のスイス軍最高司令官ギサン[※5]将軍の写真が飾られていました。このように、教会と祖国へ忠実な一家であり、政治的にも多くの人たちと同様、保守派でした。そして、私たちにとって、祈りは皆でするものでした。

※5　アンリ・ギザン（Henri Guisan、1875 – 1960）。スイスの軍人。第二次世界大戦時の将軍で国民的英雄。

私たちは、神に感謝し、恵みを乞うために祈りました。生活は厳しく、のんびりしていることはできません。祈ることで精いっぱいでした。祖母は毎日、生きる力を与えてくれる神に感謝の祈りを捧げ、すべてを神に委ねていました。祈ることでますます信心深くなり、悪魔を恐れるようになっていきました。毎日、食事の始まりと寝る前には、家族全員で祈りました。ロザリオの玉がバラバラになるまで祈ったものです。

日曜日には、お決まりの散歩コースがありました。家族全員で、ブルギヨンのノートルダム聖堂を訪れるのです。フリブールの街の上に聳え立つ聖堂はすばらしい建物で、その幻想的な色合いは、煤《すす》で覆われた洞窟のようでした。実に幻想的な光景でした。聖堂はいつも人で溢《あふ》れていました。巡礼地なので、スイス国内はもとより外国からもたくさんの信者が訪れていました。巡礼者たちは、平和や心の安定、病気の快復を願い、神に感謝を捧げるためにやって来るのでした。私は、今でもブルギヨンへ行って祈ることを欠かしません。

祖母は、たくさんの司祭と知り合いで、彼らを大変尊敬していました。毎週、一人の司祭が私たちの家へやって来て、祖母に聖体を授けていました。部屋を閉め切っての儀式だったので、2人がどのような話をしているのかと、私たち兄弟は興味津々でした。部屋のドアに耳を当てて盗み聞きしたことも1度や2度ではありません。しかし、その努力も虚《むな》しく、帰り際、司祭はこう言ったものです。「おばあさまを、そっとしておきなさい」。そう言われると、ますます好奇心が高まってしまうのでした。

修道女である大叔母は、マルタ・ロバン[※6]の友人でした。この偉大なフランス人神秘主義者は、歩行ができないほどの重い障害を負い、生涯をほとんど自分の部屋の中だけで終えた人物で、若い頃には〝聖痕《スティグマ》〟を受けたことでも知られています。マルタ・ロバンは、フィネ神父と出会う幸運に恵まれました。フィネ神父は、彼女が死を迎える時まで傍《そば》に寄り添います。私の家族は、マルタ・ロバンをとりわけ崇拝していました。彼女は、現在世界中に広がっている静修と黙想の共同体である「愛と光の家」の創設者でもあります。

母は、大叔母を通してマルタ・ロバンと知り合いました。大叔母と一緒にシャトーヌフ・ド・ガロールまで会いに行き、その後、熱心に文通を続けました。正確に言うならば、マルタ・ロバンは実際には書いていません。フィネ神父が届いた手紙を読んで聞かせ、返事を代筆していました。マルタ・ロバンの言葉は非常に簡素でしたが、誠実で心の琴線に触れるものでした。この手紙のやりとりは、母の心の支えとなりました。マルタ・ロバンは、家族の中で重要な位置を占め、私たちは、何かあると彼女に助言を求めていました。

母が心配していたのは『ロモンを追い出された子供たちが、フリブールでの生活になじめるか』ということでした。それで母は、私たちを所属教会と関係の深いスカウトに入れることにしました。さらに、私と兄と弟を、聖ニコラ大聖堂の侍者にさせたのです。私たちは、教会で行われる

※6　Marthe Robin（1902 – 1981）キリスト教神秘主義者で、愛と光の家（Foyer de Charite）の創始者。

1969年「聖体の祝日」行列で花びらを撒く著者＝左の従者
（撮影／ジャン・ミュルハウザー）

ほとんどの洗礼式、結婚式、葬式の侍者を務めました。私は、熱心に教会での務めを果たしました。大聖堂の聖歌隊による壮大な歌ミサの侍者をすることは、大きな喜びであり心の慰めでした。侍者の奉仕をとおして、クラシック音楽の素晴らしさを知りました。10人程の教区事務局の人たちは、皆親切で、中には大変博学な人もいました。母の手伝いに来てくれた人もいます。司教もまた、博識があり人を惹《ひ》きつける人物でした。大聖堂には、教区外からも司祭[※7]が来ていました。私は、幸運にもシャルル・ジュルネ枢機卿と出会う機会に恵まれました。彼は目立つことを避けるように、いつも壁ぎわを歩いていました。私はまだ子供でしたが、彼が慎み深く温和な人柄で、俗世からは一線を画した人物であることを感じていました。枢機卿が私に語った言葉で、忘れることができないものが二つあります。一つ目は、一般的なことで「ラテン語を習得しなさい」との助言でした。「典礼がよく分かるようになるから」という理由でした。二つ目は、一つ目とは違い、特別な助言です。枢機卿は「苦しむ時が来たら、9度ブルギヨンへ行きなさい。9度目に、苦しみの原因が分かるはずです」と言いました。何年か後、私はこの言葉を思い出すことになります。当時の私は、彼が哲学者ジャック・マリタン[※8]にも匹敵する最高の知識人であることを知りませんでした。第二次世界大戦中は、フリブールに近い政治犯収容所に収監された人たちの教育に当たった人物でした。そこで彼は、しばしば反ユダヤ主義や強制収容を批判する説教を行い、当局から睨まれるほどであったといいます。ジュルネ枢機卿は、長年フリブールの神学校で教え、優れた人材を輩出しました。そのうちの一人が、ローマで教皇ヨハネ・パウロ2世の神学顧問であったコティエ[※9]枢機卿です。その他、フリブールの歴代司教たち、ピエール・マミ師、ベルナール・ジュヌー師、シャ

※7　Charles Journet（1891 – 1975）スイス出身の司祭。神学者。1965年、教皇パウロ6世により枢機卿に上げられる。
※8　Jacques Maritain（1882 – 1973）20世紀におけるカトリック教会最大の思想家で、新スコラ哲学主義者の一人。
※9　Georges Cottier（1922 – 2016）スイス出身、ドミニコ会司祭。神学者。2003年、教皇ヨハネ・パウロ2世によって枢機卿に上げられる。

ルル・モレロ師も皆ジュルネ枢機卿の教え子です。

1970年の初め、祖母が大病を患いました。祖母は、後に私の人生において大きな役割を果たすことになる慈善施設「摂理の家」に運ばれました。建物は下町の大聖堂に続く街道沿いにあり、あらゆる世代の貧しい人たち、病気の人たち、そして身寄りのないお年寄りや子供たちを受け入れていました。施設は、修道女らによって運営され、彼女たちは収容者のためにほとんど休みなく働いていました。

祖母は、体力の限界を迎えていました。生きてはいるものの、もはや話すことさえできませんでした。母は、そのような祖母の姿を見て深く悲しみ、子供らのことは顧みず、朝に夕に祖母の介護に当たりました。数ヵ月の間、日中は仕事をし、昼食時に施設に行き、夜は祖母の枕元で過ごすという生活をしていました。初め、私たち兄弟は、身の回りのことは何とか自分たちでしていたのですが、長続きせず、とうとう決断を下される日がやって来ました。私たちは、それぞれ信頼のおける家族に預けられ、そこで教育を受けることになったのです。

私は、とても信仰心の篤い家庭に預けられました。夫妻は、当時カナダ人が多く通っていた学校、エコール・ド・フォアに私を通わせてくれました。学校はとても居心地がよく、友だちもたくさんできました。校内では毎日ミサが行われ、いつでも自由に参加することができました。しかし、間もなくよその家庭に預けられました。そのようなことが何度かあり、最終的にフリブール大聖堂の香部屋係の家庭に預けられるようになります。そこでも私は、食べることにも寝ることにも困ることなく、とても大切に扱ってもらえました。さらに、幸運なことに、私の預けられた先は「摂理の家」の目と鼻の先にありました。おかげで母と一緒に昼食を取ったり、死を間近にした祖母を見舞ったりすることができました。「摂理の家」で、まるで本当の母親のように私の世話をしてくれたシスター・イザベルと出会ったのは、ちょうどその時期です。彼女は私に「全てを与えること」の意味について教えてくれました。彼女自身が、果てしなく広い心をもった人でした。彼女の後任、シスター・ジェニーは、バターやパンや牛乳など、私たちの成長に欠かせない物をいつも持たせてくれました。彼女もまた、限りなく優しい女性でした。「摂理の家」を離れた後も、私は事あるごとに彼女を訪れるようになります。

その日がとうとうやってきました。祖母が天に召されました。しかし、母は祖母の死を受け入れることができませんでした。悲しみ打ちひしがれ、結局、入院することになってしまいました。そのことを母は、事もなげに伝えるのでした。「病院に行くから、お前はどこかで預かってもらうことになるわ」。私は「家に帰りたい」と言いました。それが私の一番の願いでした。しかし母は「それは無理よ。よその家庭のお世話になるのよ」。涙が溢れてきました。「泣かれたって、他にできることはないの。母さんは入院しなければならないのだから」。これ以上、説明はありませんでした。しかし、それでも私に対しては、とりあえず説明があっただけまだ〝まし〟でした。他の兄弟たちは、何の説明もないまま、その後長い間よその家庭に預けられることになるのです。いずれにしても私は、どうしたらよいのか分からず、不安で心が折れそうでした。「この先どうなってしまうのだろうか」と、自分に向かって尋ねていました。

香部屋係の家庭から離された私は「摂理の家」に入所しました。優しいシスターたちが身近にたくさんいたことで、落ち着きを取り戻すことができました。母の会社の社長が、その夫人に、私が施設に移されたことを知らせていました。夫人は、祖母が亡くなり、母が病に臥せっていることを知り、心を痛めたようです。それで私を家に招いてくれました。そこには私と同い年の男の子もいて、よい遊び相手になりました。夫人は、私にトランジスターラジオをプレゼントしてくれました。実に素晴らしい物でした。私は、雑音《ノイズ》などお構いなしで、ニュースや音楽など、ラジオから流れてくるすべての音を聞きまくり、夢のような時間を過ごしました。兄弟の中で、これほど貴重な物を手にした者は、誰もいませんでした。

入院した母については、どんな病気かも知らされず、癌《がん》かもしれないという噂さえ流れるほどでした。ある日、母の職場の同僚が、私に会いに施設にやって来ました。その時の彼女の衝撃的な言葉は、鮮明に脳裏に焼き付いています。「お母さんがとても危険な状態なの。すぐに病院に行かなければならないわ。一緒に行きましょう」。私たちはすぐにベルンへ向かいました。

病院に着いて、母の病室のドアを開けてみると…　母は生きていました！　ベッドに寝かされてはいましたが、母は元気であり、とても生死の境をさまよっている人には見えませんでした。私は唖然としましたが、とりあえずは安堵し、母にこう尋ねました。「いつ退院できるの？」。それこそが、私の一番知りたかったことです。しかし、はるばる遠方から駆け付けた私に母が掛けた言葉は、たったひとことでした。「わからない…」。私は、間もなく母の元を去りフリブールに戻りましたが、その後の生活は何も変わりませんでした。とはいえ、少なくとも私だけは、他の兄弟たちとは違って、母に会うという幸運を得たのでした。

ある日、何の前触れもなく、母が私のいる施設に運ばれてきました。突然母がやって来たのです。同じ施設内にいるのですから、母とは好きな時間に会えるようになりました。上の階に行き、部屋の扉を叩けば、いつでも母の顔を見ることができました。

この頃の母に関しては、忘れられない恐ろしい思い出があります。ある時、母の部屋に行こうと階段を上る途中で、母の叫び声を聞いたのです。それは、身の毛がよだつような恐ろしい叫びでした。

私は完全にパニック状態になり、小聖堂に駆け込みました。母が死ぬかもしれないと思ったのです。まるで赤ん坊が泣き叫ぶように大きな声で祈りました。「神様、助けに来てくれるなら、今すぐ来てください」。しばらくして小聖堂を出ると、顔見知りのシスターが廊下に出ているのが見えました。彼女は私に気づくとこう言いました。「治まりました。お母さんのところへ行ってあげなさい。今ならだいぶ気分が良くなっているから」。母の部屋に入ってみると、確かに気分は良さそうに見えました。しかし、何がどうなってしまったのか、まったく理解ができず、私はただぼうっと突っ立っていることしかできませんでした。

ずっと後になって母は、あの時、悪魔の幻覚を見てパニック状態に陥っていたことを話してくれました。

母は、癌だったわけではありませんでした。重いうつ病になっていたのです。当時、精神的な疾患は、公表することがはばかられる病気でした。母が自分の病状を明かさなかったのは、うつが精神的な病気の一つだったからでしょう。うつ病患者は、その頃はまだ、社会から隔絶され〝狂人〟と呼ばれている人たちと同類であると思われていました。その家族も同様で、うつは、遺伝的な疾患であり、かなりの虚弱者が罹《かか》るものと見なされていたのです。「自分は癌に罹っている」と言っていた方が良いほど、非常に不名誉な病気だったのでした。

母はうつに苦しみ、もはや仕事をすることができなくなりました。それで、国から障害年金を受給することになりました。ようやく施設を出ることになり、住まいをモラ通りのアパートから、同じフリブール市内のより静かで暮らしやすい通り沿いに移すことになりました。大きな部屋五つと小さな部屋が一つの大きなアパートで、フローリング敷きで大きな窓があり、そこからはアルプスの山々が望めました。しかも、治安も良い地区でした！　私は今でも、どうやって母が家賃を払っていたのか分かりません。一度だけ、大家さんに言われたことがありました。「君らのお世話をしてくれている人に伝えなさい。『3ヵ月家賃が滞納している』と」。しかし、私たちの〝世話人〟とはいったい誰なのでしょうか。まったく見当がつきませんでした。私たちは、この素晴らしいアパートに数年間住むことになります。しかし、近所の人たちは、私たちの置かれた状況が〝かりそめ〟のものであることを知りませんでした。私たちの人生は矛盾に満ちていました。一方では極めて貧しく、そのくせもう一方では、現状にそぐわないほどの贅沢をしているように見えたのですから。

ずっと後になって「摂理の家」に関係するシスターらが、私たちのために相当なお金を支払ってくれていたことを知りました。シスターたちは、裕福な人たちから寄付を受けると、それを貧しい家庭に分配していました。しかし、長期にわたって私たちを支援してくれた人たちのうち、たった一人の名前さえもシスターらは明かしてくれませんでした。他にも支援をしてくれた修道会があります。私たちは洋服や靴の支給も受けたので、学校で「はだしのピッテ！」とバカにされずに済みました。靴は、ある資産家の婦人によってつくられた基金から支給されたものでした。その婦人は、経済的に困っている人たちのために資産を使っていたのでした。

私たちを支援してくれたのは、女子パウロ会のシスターたち、「摂理の家」を経営する聖ヴィンセンシオ・ア・パウロ会のシスターたち、聖ウルスラ会のシスターたち、そして私たちを預かってくれた家族たちです。また、学校で先生として私を支援してくれた、聖アグネス会のシスターたちもいました。

この人たちの支援がなければ、私は刑務所にでも行っていたでしょう。私は神を信じる真面目な少年でしたが、背伸びして悪《ワル》のふりをすることにちょっとした憧れを抱いていました。もし、非行少年にでも出会う機会があったら、彼らと一緒に行動していたかもしれません。極めて信仰の篤いフリブールで生活していたことで、悪の道に足を踏み外すことがなかったのだと思います。

私の好きなことは、まず「祈ること」、そして「シスターたちと一緒にいておしゃべりすること」でした。彼女らは、私をまるで本当の息子のように可愛いがってくれました。どこに行っても、不思議と私は、シスターたちから愛されるのです。毎年、町の守護聖人である「聖ニコラ」の祝日には、シスターたちからビスコム（ショウガ入りのビスケット）を頂きました。彼女らは、私が30歳を超えてもなお、ビスコムを取っておいてくれ、私が取りに行くのを忘れていると電話をしてくるほどでした。30歳を過ぎてビスコムを頂くのはさすがに気が引けましたが、シスターたちをがっかりさせたくないので、断ることができませんでした！

地獄への転落

時間を少し前に戻しましょう。1968年7月、この時私は、私を虐待した男と出会いました。彼はその時、大聖堂でミサを司式していました。

性暴力について語るにも、いくつかの方法があると思います。私にとって恥ずべきことではありますが、簡単に言えば次のようなことです。私は、9歳から13歳まで、4年間にわたって、一人の司祭から性虐待を受けました。

本当は、読者の皆さんにあまり衝撃を与えないように話したいのですが、上記のような要約では、私の味わった苦しみはご理解いただけないと思います。あるいは、私の気持ちに要点を絞って記すこともできるでしょう。皆さんから私に対する「あわれみの感情」を引き出すことが目的なら、それでもよいと思います。

しかし、実際は、性暴力を受けるということはそれだけではなく、無力、怒り、喪失、絶望、諦め、恐れなども同時に味わうことを意味します。これらの感情を私は、長い間ずっと心の中にしまい続けてきました。どうして精神錯乱に陥らなかったのか、不思議なくらいです。

現在、18年に及ぶ治療により、これまでの人生について冷静な気持ちで語ることができると思えるようになりました。そうすることが正しいのかどうかは分かりませんが、私は、性暴力を受けた一人の少年の経験を、私自身の言葉で、できるだけ正確に語りたいと思いました。私の言葉は、時として不快なものになるかもしれません。それほど性暴力がおぞましく、汚らわしいものであるからです。肉体的な暴行を受けると、まず、全てを汚されたという感情が湧き上がってくるものです。それは、決して拭《ぬぐ》うことのできない〝染み〟となって、永久に心に刻み込まれることになるのです。

いつもと変わらないある土曜日のこと、カプチン会司祭ジョエル・アラス神父が、ミサを司式するために大聖堂に入ってきました。どうして彼だったのか？　それは分かりません。もしかすると、彼はその機会を狙っていたのかもしれません。アラス神父は、気さくで親切な人でした。ミサの後、彼に誘われました。私に何か見せたいものがある。それは、修道院で飼っているオウムでした……

「オウムが喋《しゃべ》るのを聞いたことがあるかい？」

９歳の子供には、魔法の言葉でした。これ以上の誘惑はありません。私は、お喋りする鳥を見てみたいと思いました。しかし、その前に、祖母の許可を得なければなりません。神父は事を急ぎませんでした。うまく行くことが分かっていたからです。修道院の近くに私が住んでいたので、神父は一緒に家までついて来ました。神父の思いどおりに事が運んで行きました。祖母はもちろん許してくれました。祖母にとっては、天から降ってきたマナのようなもので、自分の家族の一員が司祭に誘われたことで、有頂天になってしまったのです。祖母が首を縦に振ったので、約束が決定しました。

「修道院の門のベルを鳴らして、私を呼ぶんだよ」と神父は優しく言いました。祖母の許可を得たことで、私の人生は暗転してしまいました。

約束どおり、私はカプチン会の修道院に行き、彼の指示に従いました。しかし、オウムは一瞥《べつ》した程度で、神父は私をすぐに自分の部屋に招き入れました。そして、いきなりこう命じたのです。

「下着を下ろしなさい！」

すると、大きくなったものを自分の下着から引っ張り出し、強引に私の口に押し付けました。あっという間の出来事でした。まるで夢でも見ているかのようでした。彼のものからは、生温かい液体が溢《あふ》れ出てきました。それでお終いでした。

彼は自分の一物《イチモツ》をしまい、私にレモネードを持って来ました。ひとことも話しませんでした。私は黙ってレモネードを飲み干しました。乾いた喉《のど》に沁《し》みました。それから神父は、にこやかな顔で私を門のところまで送りました。そして扉を開けながら、そっと囁《ささや》きました。「今日のことは、君と私だけの秘密だよ。いいね」。私に秘密を誓わせたことで、決して後戻りできない地獄行きの列車が動き始めたのです……

私は、抜け殻のようになって、今しがた来た道を戻りました。わずか9歳の時の出来事でした……

この最初の行為は、唐突で全く予期せぬものでした。あまりのショックで、反撃する機会さえ奪われてしまいました。私は、お喋りするオウムを見に行っただけでした。なのに突然、態度を豹変させたカプチン会の神父は、私のズボンに手をかけ、下着を下ろすよう命じたのです。私はあっけに取られるばかりでした。

このことを私は、20年もの間自分の心の中にだけ閉じ込めてきました。この最初の出来事が、何度も何度も悔やまれました。しかし、私は何も言えませんでした。神父相手に、どうすることもできなかったのです。

それに、客観的に考えて、このような目に遭った子供に、どれだけの説明ができるというのでしょうか。私は「誰が自分のことなど信じてくれるものか」と何度も自分に言い聞かせることしかできませんでした。自分のされたことは「道を外したとんでもないことだ」とすぐに気づきました。しかし、同時に、起きてしまったことが「もはや取り返しがつかないことだ」とも気づきました。それは、決して誰にも話せないことでした。

話を戻しましょう。私たち一家は、ロモンを離れることを余儀なくされ、フリブールにやって来ました。私たちには、何もなかったのです。そのような中で、信仰こそは祖母や母が生きて行くために必要な薬のようなもので、それをなおざりにすることはできなかったのです。

１９６８年頃といえば、私たちの住む地域では、教会と国家が一つに結び付いていて、教会は絶大な権力をもち、人々は教会の決めたルールに従って生活していました。教会は、最大多数の与党であるキリスト教民主党と組み、教育にも大きな影響を及ぼしていました。学校の教員の大半は司祭や修道女で、彼らが定める善悪こそが道徳的な規範であり、私たちのものの考え方まで決定付けていました。

私が大聖堂の侍者に選ばれたことを知った時、祖母や母がどれほど喜んだか、今でもよく覚えています。彼女たちにとって、それは〝誇り〟でした。大聖堂には司教がいて、その司教は絶対的な権力をもっていました。1968年に、ピエール・マミ師[※10]が司教に選任された時、彼は私に「ミサに協力してくれてありがとう」と書いたカードを送ってくれました。簡単なメッセージでしたが、司教から直接便りをもらえるという光栄は他になく、いつもそれを枕元に置いて寝ていたほどです。

9歳の私と家族には、イエス・キリストと教皇ヨハネ23世、ギサン将軍、当時の司教シャリエル師[※11]が人生の指針でした。彼らこそは、私たちにとって義と徳の権威――それ以外に彼らを形容する言葉はありません。

祖母と母は、教会と司祭を盲目的に信じていました。私は「神父様の仰《おっしゃ》ることには絶対に従いなさい」と教育されました。その是非を十分に理解してはいませんでしたが、言われたとおりにしていました。どんな子供でも、言ってよいことと言ってはいけないことをわきまえているものです。言わない方がよいことを、あえて口にする必要はないのです。しかし、それが場合によっては秘密を生むことになってしまうのです。また、私たちの家族は、教会をとおして経済的な支援を受けていましたので、司祭に対しては少なからず負い目もあったのです。

ご理解いただけるかどうか、あの時、私は自分が遭遇した恐ろしい出来事を、周囲に打ち明けようとしました。母にどう話したらよいのか、計画も練りました。しかし、結局話すことはできませんでした。母が少しでも気づいてくれたならば話していたかもしれませんが、母は何も尋ねませんでした。「ジョエル・アラス神父が、毎週のように淫《みだ》らな事をしてくる」と言ってみても、そんなことを想像することすら母にはできなかったと思います。

ジョエル・アラス神父は、小教区の司祭ではなく、スイス・ロマンド全域で成人前の少年たちを指導する司祭であり、シオン、ローザンヌ、フリブール、ジュネーブの間を頻繁に行き来していました。さらには、障害のある少年たちの住む施設を巡回していました。神父はまた、教区内のさまざまな運動の指導司祭も務め、教区の機関紙『フォワイエ』の執筆も担当していました。カメラが趣味で、フリブールのカプチン会修道院の中に現像用の暗室をもっているほどでした。ジョエル・アラス神父は活発な人でした。ひっきりなしにあちこちを歩き回ることで、彼の悪事は表に出にくかったのかもしれません。

神父は、定期的に私の家に食事にやって来て、私たちの家族を瞬《また》く間に信頼させてしまいました。そして、祖母と母が信頼しきっているのをよいことに、望む時はいつでも、私を汚れた趣味に引き込むことができたのです。そのため私は、長いこと「祖母と母は神父と同類だ」とさえ思っ

※10　Pierre Mamie（1920 – 2008）1968年補佐司教を経て、1970年から1995年までローザンヌ・ジュネーブ・フリブール教区の司教。

※11　François Charrière（1893 – 1976）1945年から1970年までローザンヌ・ジュネーブ・フリブール教区の司教。

ていました。カプチン会修道院に行くのは、祖母と母の許可があってのものだったからです。

しばらくたつと、神父は私をどこにでも連れて行くようになりました。４年の間、夏になるとサマー・キャンプに連れて行き、そこで毎日のように私を凌辱《りょうじょく》しました。特に、ヴァレーで行われたサマー・キャンプのことは細かく覚えています。神父は、部屋に鍵を掛けているので、時々誰かがノックをしてくるのです。私は、彼のこのような行為に、疑問を抱く大人がいなかったとは思えないのです。大人たちは皆、いかがわしいキャンプであることを知っていながら、指をくわえてそれを見ていたという印象をもっています。

私は、キャンプ中、なるべく聖堂の中に逃げ込み、身を隠すよう努めました。誰からも見つからないようにするためです。私を探す司祭もいましたが、聖堂の中までは入って来ませんでした。「誰かいないのか」と、聖堂の扉を開く司祭がいなかったのは不思議議です。彼らにとっては、ジョエル・アラス神父から性暴力を受けて教会の奥で泣いているだろう少年を、あえて探さない方がよかったのでしょう。「言いつけを守れないので家に帰した」とでも言っておいた方がよいと考えたのかもしれません。私は夜明け前の、神父がまだ目覚めないうちに起きました。彼が寝起きに襲ってくるのを避けるためでした。生きた心地がしない日々でした。地獄に身を投じているようなものでした。

祖母が亡くなった時、誰かが私を、この地獄の日々から抜け出させてくれることを期待しました。実際に私は、精神科医のところに連れて行かれました。学校の先生は、私が何かトラブルを抱え、困っていることに気づいていました。学校生活にうまく適応できず、友だちもなく、誰とも良好な関係を築くことができていませんでした。いつも寂しく独りぼっちでした。私は変わってしまったのです。憂鬱《ゆううつ》な気分を常に引きずっていました。確かに、子供の心は浮き沈みが激しいものです。私もそうでした。担任の先生は『この子の落ち込みの原因は、祖母の死と母の病気にある』と思っていたようです。もちろんのこと、これらの出来事でいっそう心が沈んでしまったことは事実です。

精神科医は、私に秘密があることを見つけることができませんでした。しかし、今振り返ってみると、精神科医が私の中に何も見つけていなかったとは考えにくいのです。次のように考えると、納得がゆきます。一つは、ごく単純に、私がその医師とまったく関わろうとしなかったこと。そしてもう一つは、少し複雑な話で、医師は私に何か秘密があると分かったものの、それを明らかにすることが、当時の打ちひしがれた私の家族には、かえって大きな〝あだ〟になると考えたということです。これが穿《うが》った見方なのかどうかは分かりませんが、可能性はあると思います。ジョエル・アラス神父は、私と家族がどのような悲惨な状況に置かれているかをよく知っていて、その上で私を暴行し続けたのです。むしろ、『そのような状況がかえって彼の邪悪さを助長させた』と私は考えています。

祖母の死後、私は「摂理の家」に預けられていました。どうして女子パウロ会のシスターたちのもとに預けられることになったのかは分かりません。しかし、この時大叔母は、私が頻繁にカプチン会の神父と会っていることに気づきました。おそらく、普通ではない不健康な状況に私があることを、直観的に感じ取ったのだと思います。それで大叔母は、ある日私を自分のオフィスに呼びました。そして、こう尋ねたのです。「アラス神父のところに行って、いつも何をしてるんだい？」。私は突然の質問に固まってしまい、何も言えませんでした。それで大叔母は、すべてを理解したようです。私は「これからも神父の所に行きたいの？」と聞かれました。もちろん首を横に振りました。すると彼女は、はっきりと言いました。

「今日からあの神父のところへは行かないこと。これでいい？」

この命令は、私を地獄から救出するものでした。神父のところに急いで行き、大叔母から「もう会ってはならない」と言われたことを伝えました。神父は最後にもう一度欲望を遂げると、私を解放しました。これですべてが終わったのです。

大叔母からの正式な抗議があったかどうかは知りませんが、たぶんなかったと思います。よく考えてみると、大叔母は〈教会の話法〉で話したことが分かります。つまり、理解したことを、あえて言葉にしなかったということです。私に対して「ジョエル・アラス神父から性暴力を受けたのか」とは尋ねませんでした。沈黙は了解のしるし、ということです。そして、その後、２度と再び神父について話すことはありませんでした。大叔母は、彼にそれをやめさせるために必要なことをしただけで、抗議しようとは考えなかったのです。病床に臥せっていた母に知らせることもしませんでした。おそらく、知らせることによって、母の病状がさらに悪化するのを避けたのでしょう。大叔母は、母がひどいうつ病で苦しんでいることを知っていましたので、私の家族をこれ以上不幸な目に遭わせたくなかったのだと思います。

ずっと後になって、私が性暴力を受けていたことを知った母は、私が経験したのと同じように暗黒の世界に引き込まれるのを感じ、驚きと怒りのあまり卒倒したといいます。あの時、母が知らされなかったのは、私にとって幸いなことでした……

児童への性虐待ほど卑劣な行為はありません。なぜならば、子供が虐待者を最初から悪人と見分けることはほとんど不可能だからです。ジョエル・アラス神父も、初めは気さくで陽気な司祭として私の前に現われました。食べっぷりは豪快そのもの、話は面白く、知性も感じられました。関係する活動には全力で奉仕するので、皆から尊敬されていました。

ところが、アラス神父は、実際には「司祭」と「性犯罪者」という二つの側面をもっていました。司祭としてたくさんの人々に福音を伝え、モラルを唱え、善悪について語り、困っている人には手を差し伸べました。彼の極めてよこしまな点は、私のことを取り立てて隠そうとしていなかったところです。誰かから「この子と何をしているのか？」と尋ねられれば「家族が近くにいなくて寂しがっているので、一緒にいてやっているのだ」と説明していました。彼は心理学の勉強もしたと言っていましたが、いかにももっともらしい言い訳でした。

いずれにせよ、彼は人が苦しむ仕組みを完全に掌握していて、それを私に応用していたのです。彼は、私が何を好み、何を持っていないかを知っていました。そのリストは膨大なものだったと思います。サラミが好きだと言えば買い与え、切手を集めていると言えばたくさん持って来てくれるのでした。私が不安になって全てを打ち明けたいような気分のときは、そのようにして２人の関係を強めようとするのです。すべてが自然だったのです。「司祭」として私を励まし「性犯罪者」

として私を凌辱していました。彼は私を護《まも》ることへの対価を求めました。その対価とは性行為でした。倒錯した性行為でした。自らが児童性愛者であることについて、何とも感じてなかったと思います。私を弄《もてあそ》んだ後、後悔していたとは思えません。悔やんでいたのは、自分の思いどおりに私を手籠《ご》めることができなかった時だけです。犠牲者に告発されるかもしれないという危険など眼中になく、思いのままに支配するという自らの欲望に浸っていたのです。

彼は、バカンスを利用して、自分の生まれ故郷の両親のもとに、私を伴って帰るというところまで悪事を広げました。私は、神父の生まれ育った家の中で暴行を受けたのです。両親は気のよい人たちで、もちろん息子の性癖など知る由もなく、司祭になった息子をもったということをとても誇りにしていました。2人にとって自慢の息子だということは、母親の彼を見る目に表われていました。ジョエル・アラス神父は「学費を所属教会の主任司祭が払ってくれた」と語っていました。どうやら彼は、その主任司祭から性暴力を受けたらしいのです。しかし彼は「暴力を受けた」とは言わず「教育された」と言っていました。主任司祭からそのようにされても、苦しんだことは一度もなかったそうです。そして「主任司祭がしていたのと同じことを、私にしている」と言っていました。

私は神父と同じ部屋で寝かされました。正確に言えば、そこは彼の弟の部屋でした。弟はその時兵役に就いていました。神父は私にベッドを選ばせましたが、初めから窓際のよろい戸のない側のベッドに決めていました。朝になれば太陽が私の顔を真っ先に照らすので、彼より早く起きることができたのです。毎朝6時には、部屋を抜け出しました。

彼の弟は、自分の兄が私に性暴力を働いていることを知っていましたが、何も言いませんでした。ある日曜日、ジョエル・アラス神父は、私たちのベッドをくっ付けて、より大きなスペースを作りました。その時、突然誰かがドアを叩《たた》きました。部屋には内側から鍵が掛かったままでした。彼の弟でした。神父は私を毛布の下に乱暴に押し込めて隠しました。弟は、ドアを叩き続けていました。出発しなければならないのに、背嚢《はいのう》を部屋の中に置き忘れてしまったのです。弟の叫ぶ声が聞こえました。「どうして鍵を閉めるんだ。どうせあの子とやってるんだろ？　開けてくれ」。神父はドアを開けました。弟が入って来て背嚢を取り、何ごともなかったように出て行きました。

本質的に、アラス神父は解離性同一症[※12]でした。彼の中には二つの人格があって、そのうちの一人は、性の猛者に支配されていました。

時々、彼は私を「クロード」と呼んで性行為に及んでいました。先に述べたように、彼は『フォワイエ』という雑誌の執筆者の一人でした。20年ほど前、兄の尽力により、当時のこの雑誌を見つけることができました。兄は、私がジョエル・アラス神父から性暴力を受けていたと知ってから、いろいろと支援してくれています。兄は、ずっと昔、この雑誌に掲載された写真の中で、私を見たことを記憶していました。ある日、兄から電話があり「当時の雑誌を探し当てた」と言わ

※12　かつては多重人格障害と呼ばれていたもの。精神障害の世界的な診断基準とされるDSM（Diagnostic and Statistical Manual of Mental Disorders）第5版では、解離性同一症または解離性同一性障害とされている。

1970年にジョエル・アラス神父が撮影した著者の顔写真は
2年後、『フォワイエ』誌に掲載された

れました。それらには、ジョエル・アラス神父が撮った、たくさんの〝幼い男の子〟の写真が載せられていました。そのほとんどが、彼の性暴力の被害者でした。もちろん私も、その中の一人でした。

発見された記事の中に、私に関するものが二つありました。それらは、とりわけおぞましいものでした。最初の記事は、１９６８年の11月号の中に見られ「クロードの秘密」というタイトルが付いていました。アラス神父は、その記事の中で、私の物語の一部分である〈私に課せられた苦しみ〉について、当事者が神父自身であり、幼いクロードが私であるということには触れずに、こう語っています。以下はその一部です。

——私たちがよく知っているクロードのことです。……彼は、ある日突然、私たちを避けるようになりました。何かが変わってしまったのです。……いつもの自慢話をすることもなくなりました。ほとんど喋らなくなってしまったのです。仲間に対しては、なおさらのことでした。顔を合わせることを避け、思いを表わすことをしなくなりました。クロードは、尋ねられても、なぜそんな風に変わってしまったのか説明することができなかったのです。私たちにもその原因は分かりません。

——少しずつ、クロードに秘密があることが分かってきました。クロードは、明るい一面をもちながら、その一方で私たちを当惑させる、謎に満ちた、隠された、不思議な、私たちの踏み込めない一面をもっていました。私たちは、クロードの秘密を知りたいと思いつつも、成り行きに任せるしかなく、深追いせずに、諦《あきら》めるしかありませんでした。

――彼の心の内を探るというのでも、皆から離して調べるというのでもありません。さまざまな葛藤により私たちを避けはしましたが、クロードは素晴らしい少年です。むしろ、彼に寄り添うことが必要なのです。彼を見守らなくてはなりません……　輝くような、優しさに満ちた愛のまなざしで。

――優しく見守ってあげることが必要です。

――子供は、大人のように秘密を守れません。子供には、言葉はそれほど重要ではありません。むしろ、しぐさ、遊び、態度などによって心の状態が推し量れます。大人にとっては、自分の気持ちを隠すことは簡単で、いらだちや失望でも制御できます。しかし、子供はそれができません。だから、感情を爆発させ、いらいらし、笑い、微笑み、求めてくるのです。そのおかげで私たちは、クロードの秘密を解き明かすことができるのです。

今、この記事をあらためて読んでみると、寒気がします。クロードとは私に他ならず、その私を、このような文章を書きながら暴行していたのです。私は、彼に暴行されている子供、かつてそうであった子供の中の一人でした。そして、その彼もまた同じように、他人には言えない秘密をもってしまった少年でした……　今、大人になった私は、そんな彼を裁けません。彼もまた、子供の頃に大きな心の傷を受けた人間なのです。しかし、彼は、そのまま生きることを選んだのです。泥沼から抜け出せるか抜け出せないかは、その人次第なのだと思います。

数カ月後に書かれた、１９６９年1月の「真実とは何か？」というタイトルの記事の中で、神父はこのように書いています。

――ピラトがイエスに発した質問です……。ピラトは、質問がどのように細かく分析され、どう変えられるかを知っていました。真実をゆがめ、真実が嘘で、嘘が真実であるかのようにする方法によって小さな事件を丸く収めてきた経験から、どのように群衆が条件付けられるかを知っていたのです。

――若者の中には、不平不満ばかり言う人もいます。中には危険な人たちもいて、彼らは時には暴力をもってでも真実を要求します。これは、我慢の限界まで水を飲まなかったようなものです。私たちは、彼らが時として、全てが正真正銘真実であってほしいということをあまりにも強く望むために、私たちを悩ますことを理解しなければなりません。彼らは大げさなだけであって、容認することも必要だと考えるべきではないでしょうか？

それとも、容認したくないという理由があるのでしょうか？　もし、この真実、本物への渇きが、最終的に、絶対的な価値ある生き方であるならば、私たちの策略を通して、私たちが失うものはいったい何なのでしょうか。

このような記事を書きながら、一方で神父は、お決まりのようにペニスを出し、それを私の尻に擦り付けて射精していました。そして、このように言うのです。「急いでシャワーに行き、全部洗ってきなさい。ウンチでも漏らしたんだろう？　そうだ、よく洗ったのか？　うん、きれいになったよ」。私は「きれいになる」と、修道院を出て、帰途に就くのでした。それが私の4年間の日常生活でした。この日常生活は、夏休みになるとさらにひどいものになりました。

ジョエル・アラス神父は、性欲を持て余して困っているということがありませんでした。私と一緒にいる時は、いつも強い性衝動を感じていて、それを抑制することができませんでした。私には、このような性衝動が彼を困らせているようには思えませんでした。

私の目の前のドアを開け放しにして、バスルームでマスターベーションをしていることもありました。ペニスを擦り付けている時、彼がコントロールを失って私の上に乗っていることを知っていました。私には、何もできませんでした。逃げ道はありませんでした。「散歩にでも行きませんか？」と持ちかけたこともありますが、無駄でした。望む時、彼はいつでも私を呼び寄せることができました。言うのも恐ろしいですが、それはもはや生活の一部となっていました……彼の司式するミサの典礼のような……

事は、長時間に及ぶ場合もありました。私の尻や肛門に舌を這《は》わせ、あの部分を繰り返し舐《な》め、唇をしつこく吸ってくるのです！　そして、何度も何度も自分のペニスを擦り付けてきました。まだ子供だったのが幸いしたのか〈それ以上のこと〉はありませんでした……　しかし、彼は、サディスティックに何度も私の肛門に挿入を試みていました。

しまいには、彼の〝儀式〟がどのようなものかを覚えてしまいました。それは、決まって執拗《しつよう》なものでした。いつも彼は厳重にドアに鍵をし、よろい戸を閉め、ブラインドを下ろし、少しだけ光が入るよう調節しました。ベッドを汚すのが嫌いだった彼は、汚さないように、大きなタオルでマットレスを覆っていました。それからそこに私を寝かせ、その上に覆いかぶさってくるのです。これがいつもの〝手順〟でした。私は全く動けませんでした。彼の好みは、一方的に支配することでした。私はどうしたらよいのか、どのようにしていたらよいのかを知っていました。

彼は、行為のほとんどをベッドか、床の上でしました。乱暴なやり方が好きだったのです……私は完全に支配されていました。

まったく抵抗できない私は、それでも自分を守るための戦略を練りました。彼に暴行されている間、別なことを考えるようにしたのです。『自分は大天使で、鍵穴から抜け出すことができる』というような空想です。この状況から救出される場面も想像しましたが、虚《むな》しいことでした。

時おり、他の修道士がドアをノックすることがありました。部屋の中で何が行われているか知っていたのでしょう。神父は、射精するといびきをかいて寝始めるので、部屋から逃げ出すことができました。すると、しばしば修道院の回廊で、その修道士と鉢合わせするのでした。私を待っていたようでした。そしてこう言うのでした。

「かわいそうに。もうここに来てはいけないよ」。彼は、どうして「かわいそう」と言ったのでしょうか。私の家庭の事情を知っていてそう言っただけで、性暴力のことを言っているのだとはこれっぽっちも思いませんでした。非力な修道士でしたが、事態を打開しようとしていただけまだましでした。ある時この修道士は、窓が割れるほど強く扉をノックし、アラス神父に向かって叫びました。「中で何をしているのですか！」。それに対して、アラス神父は答えました。「口を慎みなさい！」。

彼なりに私を救おうとしていたのでしょう。しかし、彼にはそれ以上の勇気がありませんでした。教会のヒエラルキーの理論が働いたのです。実際のところ、この修道士は下働きのような役割の人で、調理、門衛、庭仕事、掃除などあまり目立たない作業に従事していました。修道士は終生誓願を立てますが、主には労務を行います。一方、司祭はミサを立て、告白を聴き、信徒の家庭を訪問します。ジョエル・アラス神父は司祭でしたので、修道士たちより立場が上だったのです。彼らの属している〈閉ざされた社会〉の中では、上の者を非難するということが難しいのです。なぜならば、仕返しと村八分が待っているからです。修道士がジョエル・アラス神父に逆らえなかったのは当然です。

私は、言葉では表現できないほどの苦しみを味わいました。出口がまったく見えないまま、恐れ慄《おのの》いていました。「戦争が起こり、神父が弾丸にでも当たって死んでくれたらよいのに」とさえ思っていました。児童性愛者の中には、暴行中に子供の首を絞めて殺してしまう者もいます。私は幸運だったのでしょうか？　ベルトで叩かれることも、精液を飲めと強制されることもありませんでした。洗面台に行って吐き出しても叱られませんでした。肛門にペニスを入れられることもありませんでした。

しまいに彼は、学校まで私を迎えに来るようになりました。学校は、カプチン会の修道院から、丘を登ってすぐの所にありました。坂を下り、修道院までの道すがら、彼は私に、これからしようとすることの説明をするのでした。「どんな味がするか、今日は口でしてみよう」。このように彼は、台本の一部を私に話し、興奮を募らせていました。修道院に戻るまで我慢することができず、学校のトイレで私を暴行したこともありました。小便所で、です。「誰かが顔を覗かせやしないか？」とは考えなかったのでしょうか……　まるで野獣のような本能でした。

今日では、何の説明もなく、親でもない人に子供を毎日引き渡すことはあり得ません。すぐに性犯罪を疑われるからです。もはや、そのことがタブーではなくなりました。世の中も学校の教員も、まだ児童性虐待に鈍感な時代でした。

神父は、私をさまざまな方法で陵辱《りょうじょく》しましたが、それだけではありませんでした。ポルノ雑誌まがいの写真を撮ることも強要してきました。私を裸にし、ペニスを大写しにし、私の肛門の上に自分のものを置いた写真を何枚も撮りました。さまざまなポーズを要求しました。「動かない、動かない。精液が流れないように。動いちゃだめだ！」と言ってシャッターを押すのでした。

彼は修道院内に暗室をもっていて、そこに私をよく連れて行きました。そして淫らな写真を現像するのです。フィルムを現像液に浸け、取り出し、何枚も焼き増し、壁に貼り付けました。時々、新たな欲望が湧いてきて、再び暴行し始めることもありました。暗闇の中、もう一度最初から、床の上で私にのしかかってくるのです。彼の顔には「思いどおりにできて満足」と書いてありました。これらの写真は、どんなホラー映画よりも恐ろしいものでした。私の顔に射精をして「そのまま、そのまま」と叫んでカシャカシャとシャッターを切っていました。私は、精液で汚れた顔をひたすらタオルで拭くだけでした。私は、彼の所有物でした。若く、可愛い玩具《おもちゃ》だったのです。

兄は、古い『フォワイエ』誌を見つけた前後に、私より後にアラス神父から性暴力を受けたという一人の男性と連絡を取っていました。その男性が語ったところによれば、神父は彼を、しばしば山小屋に連れて行ったそうです。山小屋を管理していたシスターたちが証言していますが、アラス神父は長年、そこに、経済的な理由などで困っている子供たちを連れて行っていたようです。

性暴力を受けた子供は、まずは生きようとします。むしろ生き長らえようとします。私は、犬が〝お座り〟をするように、暴行されることに慣れっこになってしまっていました。否定的に考え「死のう」と思ったことはありません。「生きなければならない」と思っていました。家では時々「お前はお喋りが多い」と叱られることがありました。お喋りだったのは事実ですが、肝心な事に関しては口をつぐんでいました。家族が、私に対して間違った見方をしていることを知っていました。家族は私を正しく理解していなかったのです。

ある日私は、自分の秘密について「決して明かすまい」と自分自身に誓いました。アラス神父とのことを明かす勇気がなかったのは事実です。しかし、それとは別に、以前性的ないたずらをされた経験があり、それを正直に明かしても信じてもらえなかったという過去があったのです。

5歳か6歳の頃だったと思います。まだロモンに住んでいた時のことです。ある日、若い電気工事士が玄関のベルを鳴らしました。「電気の修理をするので、屋根裏部屋の鍵を貸してほしい」とのことでした。彼は、そこにいた私と兄に「屋根裏部屋に案内してくれないか」と言ってきました。祖母は私たちに「足元に注意するんですよ」と言い、彼と一緒に屋根裏に上がらせました。

そこで私と兄は、電気工事士にいたずらをされたのです。彼は私たちのペニスを口にしました。私はお喋りだったので、むしろ自発的に話しました。つまり、屋根裏部屋から下りると祖母にこう言ったのです。「あいつが僕らのあそこを舐めて、自分のを見せた。白いのが出ていたよ」。兄は「それは嘘だ」と言いました。しかし祖母は、兄をあまり気に入ってなかったこともあって、私を信じました。そして、母にそれを伝えました。まだ父が行き来していた時期でしたので、父は事を明らかにするため、その若い電気工事士の両親を家に呼び付けました。私はありのままを話しましたが、兄は反対のことを言いました。男の父は、私が嘘をついていると決め付け、帰って行きました。結局、私は嘘つきということになってしまいました。この不幸な体験が、頭の中に強く残っていたのです。

「性暴力を受けた」と告白することは、地獄行きの車にエンジンを掛けるようなものです。それほど恐ろしいことであり、場合によっては胸の内に秘めて明かさずにいた方が楽なことも多いのです。性犯罪者はたいてい、家族の近くにいます。性犯罪の多くは、家族の目の届く範囲の中で起こるものです。それを忘れてはいけません。私が性暴力を受けていた頃、そのようなことはほとんど世間の話題に上りませんでした。その手の話をすることは、当時は完全にタブーだったのです。

現在では、かつてほどではなくなりましたが、それでも決して話題にしやすくなったというわけではありません。この種の犯罪を防ぐためには、学校の先生の役割が大切だと私は思っています。しかし、学校の先生は1日の多くの時間を子供と共に過ごしますが、立場が違います。ですから、子供の出す危険信号に気づき、苦しんでいる子供の声を聞けるよう、常にアンテナを張っておかなければなりません。万一に備え、対策を講じておくことも必要です。私の場合『何かある』と感じていた先生もいたと思います。しかし、前例がなかったため、どうしたらよいのか分からなかったのかもしれません。私はと言えば、いつも「母が気づいてくれたら」と思っていました。もし、母に尋ねられたら、正直に話したでしょう。「大人は真実を知りたくていろいろと質問をしてくる」ということを、子供自身もまた理解しなければなりません。

母は、私が真実を伝えようと発していたサインを見逃していました。私は、母と前後して入浴していました。母は、私から「やけに煙草の臭いがする」とは言っていましたが、その理由を尋ねることはありませんでした。体にも、服にも、下着にも精液の跡がありました。せめて、顔についた汚れには気づいてほしかったと思います。ある日、私が最後に入浴した時、母は私の下着に大きな染みがあるのを見て不審に思い「どうしてこんなに汚したの?」と聞いてきました。私が「我慢できなくて漏らしちゃった」と答えると、母はそれをすっかり信じてしまいました。神父から暴行されていた間、うまく排便できず長時間トイレに籠ることもありましたが、このような普通ではないことも、母への警告にはならなかったのです。

神父との関係が終わる少し前、母と一緒に大きなショッピングセンターに行った時のことです。母は出し抜けに言いました。「あのおじさんを覚えているかい? 夏休みに遊びに行っただろう? 子供にいたずらして訴えられて、今刑務所だよ!」。なぜ突然そんなことを! 私は大いに動揺し、何も答えられませんでした。どうして母は、その男が児童性愛者と知っていて、私を遊びに行かせたのでしょう。「もしかすると神父との関係を知ったのだろうか」とも思いました。「秘密を話させたいのではないか?」とも。

確かに私は「母さんが何も気づいてくれないはずはない」といつも自分に言い聞かせていました。しかし、ジョエル・アラス神父が悪党の一面をもっていることに母はまったく気づかず、だからこそ喜んで私を神父のもとへ送っていたのです。それでは彼に「息子の性教育の指導もしてください」とお願いしたようなものです！　しかし母は、彼が司祭の役割をしていることに何の疑いももっていなかったのです……　だから、私が何をしているのか問うこともありませんでした。悔やんでいるのはむしろ、起こっていることを見抜けなかった母だと思います。

しかし、私は母を恨んでいません。母が私のために、どれだけのことをしてくれたか知っているからです。学校での私の様子を調べ、精神科医に連れて行ってくれたのは母です。母なりに解決策を探していたのです。母は、自分自身でその時にできる、最善の行動をしてくれていたのだと思います。

児童性愛者は、どこにでもいるような風貌をしています。子供に警戒心を抱かせるような、決定的かつ見分けのつく児童性愛者特有の特徴があるわけではありません。平凡なタイプに見えながら、そのくせ抜け目がなく、繊細な感覚をもち、人を欺く名人なのです。児童性愛者の多くは、自身もまた子供の頃に性虐待を受けていて、心の奥底に大きなトラウマを隠しもっています。

そのため児童性愛者は、子供の心の動きを正確に把握しています。自分自身が、同じ仕組みによって犠牲者となった経験があるからです。そのような彼らは、子供のうちから、人を欺く術を徹底的に身に付け、それによって自分自身の人格を形成させてしまうのです。

子供の頃の不幸な経験を通して、私の中には〈人の注目を得る才能〉が育まれてしまったと思います。しかし、幸運にも、それが児童性愛に向くことはありませんでした。私は人好きのする性格で、自分に興味を抱いた人たちが、私にだけ目を向けるようにすることができます。その上、私はとても社交的です。まったく知った人がいない中にでもすぐに溶け込むことができ、あたかも以前から知り合いだったように振る舞えるのです。

このような感覚によって私は、性被害に遭っていながらそれを公表できていない人たちを、容易に見分けることができます。それはなぜでしょうか？

心のバランスが取れた人たちは、私の裏表のない真っすぐな性格を好まず、私を避けようとする傾向があるようです。反対に、繊細で心が弱い人たちは、私に引き寄せられていくのを感じるのだそうです。私が語る性虐待の体験談は、同じような問題を抱えた人にとっては、暴力的なまでの衝撃になるようです。私の言葉が、彼らの心を開くのでしょう。私の話を聞いた後で「初めて人を信頼できた」と言ってくる人もいます。

性暴力の被害者は、できることならば、少なくとも同じ体験をした人に話をし、受け入れられる機会を得る必要があると思います。性暴力のことを打ち明けられたときは、良い精神科医を探し、すぐに治療を始めるよう勧めています。

私は今、いつでも連絡が取れるしっかりしたネットワークをもっています。電話があれば、必ず返事をするようにしています。他のやり方はありません。なぜなら、こうして聞いて話す時間をもてなければ、私自身が生きて行けないからです。

一般に、児童性愛者は、計画的に事を起こします。子供に対し、話しかけ、耳を傾け、機嫌を取り、よく面倒を見ます。そして、突然、豹変《ひょうへん》して監視下に置き「話したら家族が大変なことになる」と言って沈黙を強います。犠牲者の人たちには「児童性愛者は、本当は弱い人間である」と教える必要があります。弱いからこそ、脅《おど》すのです。もし私に、神父のところに行くのを拒否する勇気があったなら、彼は恐さから、それ以上私を求めることはなかったでしょう。彼の性暴力が長期にわたって可能であったのは、私に「脅しは本物だ」と信じさせることができたからです。私は恐ろしくなり、やむなく沈黙するに至ったのです。

私には『どうしてジョエル・アラス神父が自分を選んだのだろう？』という疑問がありました。なぜ私だったのか――これについてじっくり考えてみると、彼が私を選んだのにはいくつかの原因があったことが分かりました。

私は、自分がどんな子供かということを理解していました。心が病んでいて、支えを必要としていました。精神的に弱く、繊細で女の子のような一面をもった少年でした。ジョエル・アラス神父は〝控え目で受け身な獲物〟を探していたのです。男の子が女性的だというのは、気が優しく、痩せていて、可愛いらしく、愛嬌があり、社交的であることを意味します。私は、それらすべてをもっていて、さらに礼儀正しさと品の良さも備えていました。簡単に女の子に間違えられるような、女の子っぽさがあったのです。幼い頃、母は私に女の子物の服を着せていたほどです。それは、兄と弟も同じでした。私たちは長い髪で、それを留めるヘアバンドまでしていました。父が出て行ってからというもの、母は私たち兄弟を女の子のように扱ってしまったのです。家の中には、男の子が好むような玩具や遊び道具が一切ありませんでした。

このことに関しては、面白い話があります。

私たち兄弟は、一度病院で検査を受けていたのです。医者は弟の睾丸に触れて叫びました。「この子は〝玉〟がない！　女の子になるかもしれない！」。医者の冗談に皆で大笑いをしましたが、弟だけは凍りついていました。今でもその話をすると、弟は泣き出してしまうほどです。

児童性愛者は、反抗的な子供には食指を動かしません。支配できる子供を探すのです。今では性暴力の被害者をたくさん知っていますが、私が出会ったその人たちのほとんどが、なにかしらの事情を抱える家庭の出身です。第一に、経済的な困窮です。アラス神父は、さまざまな活動に出費していました。その一つが、私も連れて行かれた子供たちのためのサマー・キャンプです。彼は、私の家族には、1円も払わせませんでした。

経済的に不安定な状況にあるということは、つまり、お腹《なか》が満たされないということです。しかし、お腹の満たされない子供は、同時に、愛情面においても満たされていないことが多いのです。私はいつも「自分は捨てられた人間だ」と感じていました。経済的に援助をしてくれる人たちと出会ったことは事実ですが、彼らは、私が本当に必要としているものを与えてくれたわけではありません。私は『愛されている』とも『必要とされている』とも感じませんでした。それで私は、誰かが私に対して興味を抱いてくれることに敏感だったのです。それがほんの少しであっても、私が満たされるには十分でした。ジョエル・アラス神父は、姑息《こそく》な手段で私の関心を惹《ひ》かせ、私に関わるようになったのです。どこにでも私を連れて行き、いろいろなものを見せました。サマー・キャンプでは、私を一番前に座らせ、ほめそやしました。私は誰から見てもナンバーワンだったのです。神父は、こうして〈私が特別だということ〉を、他の子供たちに示していたのです。

私は、皆から敬われ、褒められる人として選ばれたのが「家族にとって誇らしく喜ばしいこと」と思ってしまいました。教会の聖職者から評価されるということは、すなわち自分の地位が上がることだったのです。

私はこう思います。全ての子供が、児童性愛者の犠牲者になる可能性があるわけではありません。彼らは往々にして自分自身が性暴力の被害者であり、弱い子供たちの中に見られる脆《もろ》さを、無意識のうちに自分と同一視しているのです。性暴力の犠牲者であった私は、本能的に子供の脆さを感じることができます。弱い子供は愛情に飢えていて、大人から評価されたいと思っています。大人との絆を求めているのです。大人にとってみれば、その期待に応えるのは簡単なことなのです。

幼い頃から私は、愛情の欠乏を感じていました。私を性虐待の被害者にしてしまった要因の一つが、それです。あまりよく考えず、警戒心もなく、すぐに人を好きになってしまっていた幼児期の自分を覚えています。私は〈自分も家族の一員だ〉ということを感じたいために、預けられた先となった家族のスタイルを、可能な限り真似《まね》ようとしました。彼らの中の一人であろうとしたのです。求められる以上の仕事をして、彼らから認められようとしました。私は、愛され、尊重されたかったのです。いつも想像力を働かせ、完璧であろうとしました。その結果手に入れたのが「愛と承認」です。励ましを与えてもらえるなら、どんなことでもしました。そして、いつでも他人に親切であろうとしました。

学校ではたくさんの問題を抱えていましたが、宿題は欠かさずやっていました。しかも、できるだけ丁寧にやっていました。それによって、自分をよく見せようとしていたのです。すべてが順調でした。それを見る限りでは、誰も私が学校でたくさんの問題を抱えていることが分からなかったでしょう。その努力は周囲を喜ばせ、自分自身にとっても喜びとなりました。

私は、たくさんの失敗をしてきましたが、それはむしろ幸運だったと思います。例えば、私は中学校の入学試験に一度失敗しています。母は、中学校の校長と直談判しました。彼は思慮のある人でした。私が学校で問題を抱えていることを感じ取ったのか、面談の時間を作ってくれました。そして、もう一度試験を行い、新年度から私を学校に受け入れてくれたのです。しかも、落ち着いて勉強ができるようにと、宿題を校長室でするよう勧めてくれました。

また、私が試験でそこそこの結果を残せるようになると、私の支援だけのために、退職した女性の教員を一人あてがってくれました。彼女は私を気に入ってくれたようです。彼女とは、週に5時間の書き取り練習をしました。私に初めての辞書を買ってくれたのも彼女でした。私は、その辞書をいつも小脇に抱えていました。カラー図版が多く挿入されたとても良い辞書で、しっかり製本されており、ページをめくってはたくさんの言葉を覚えました。彼女は、かなりの高齢で亡くなりました。

学校ではまた、聖ウルスラ会のシスター、マリー・エレンの支援も受けました。彼女は普通の学校で教えていましたが、私の面倒を見ることを引き受けてくれました。そのため4年間、私に振り回されることになります。シスターのおかげで宿題は完璧なものとなり、私は級長になることができました！　なにしろ、自分の宿題ノートをクラスメイトたちに貸し、大急ぎで写させていたわけですから。しかし、私は、自分の価値が上がったことを感じました。シスター・マリー・エレンは、私によくこう言っていました。「あなたは賢い少年です。もう少しやる気があればよいのだけれど……」。私が投げやりになっていると思っていたようです。

子供にとって、性虐待ほど非道な暴力はありません。子供がどのような存在か考えてみれば分かります。邪気がなく、純真で、だまされやすく、愛想がよく、信じやすい存在です。そこへ突然、侵入者がやって来て、彼が積み上げた〝小さな瀬戸物屋の商品〟をひっくり返して全部割ってしまうようなものです。どうして全部割ってしまうのでしょうか？　子供には理解できませんし、まず、起こった出来事を信じることができないでしょう。たとえば「おしゃべりするオウムを見せてあげよう」と言う優しい神父に、喜びいっぱいで付いて行くとします。すでに爆弾には火薬が充填《じゅうてん》されていて、小さな部屋が瞬く間に吹き飛ばされてしまうだろうということを、子供は知るはずもありません。まさか非常事態になるとは思ってもいないでしょう。しかし、行く手には死が待っているのです。家に帰った子供は、家族にどう言えばよいのでしょうか。「ただいま。アラス神父におちんちんを舐めさせられたんだ」とでも言うべきでしょうか？　性とは、極めて私的な事柄です。神父は、私を犯した後、プレゼントを渡すこともありました。プレゼントとは、愛し合う者同士で交わすものではないでしょうか。愛する人に悪事を働くということがあるのでしょうか？　彼の行為は、いったいどういう意味だったのでしょう？　私はこのように悩んでいたものです。「これらのプレゼントをどうしたらよいのだろう。返さなくてはならないのだろうか？」。私は彼の戦利品であり、彼のベッドから抜け出すことができなかったのです。

私には、父親の存在が欠けていました。近くにいるのかどうかも知りませんでした。母と祖母は、ある限りのもので最善を尽くしてくれました。彼女らを責めることはできません。両親が、ほとんどうまく行ってなかったことは事実です。２人の夫婦関係は崩れ、父親の姿はいつの間にか消えて無くなってしまいました。誰も父のことを話そうとはしませんでした。母は、結婚式の写真から、父の顔の部分を切り取っていました。父の記憶を取り去り、消し去ったのです。ですので、私は父の顔を思い出すことができませんでした。

父は、ぼやっとして実体のない存在でした。父の名前すらろくに覚えていませんでした。小学校1年生の時に、このようなことがあったのを思い出します。歯科医院に行った私は、受付で両親の名前を尋ねられました。しかし、父親の名前をどう答えたらよいか分からず、こう言いました。「ポール、またはアンリ」。事務員が「本名はアンリなの？　それともポール？」と尋ねてきました。彼女は、兄のカルテを調べました。ところが、そのような名前はどこにもありませんでした。私の父は、いないことになっていたのです。

私の頭の中には、道理を示し、物事を教え、困った時には話を聞いてくれるという理想的な父親像がつくられていました。要するに、人生の指南役としての父親の姿です。しかし、実際には、幼い頃から私の人生の指南役はもっぱら女性でした。女性にとってそれは、あまりふさわしい役割ではないと思います。それは男性の役目であり、まさしくこれが、私には欠如していたわけです。

私を知る人は皆、私を「限界がないやつ《ノーリミット》」と呼びます。誰も私に限度を求めませんし、いまだかつて「もういいよ」「それはやりすぎだよ」と言われたこともありません。私が誤った道に踏み外さなかったことは、奇跡というほかありません。

長い間私は、なかなか「ノー」と言うことができませんでした。これは、性暴力の被害者によく見られる傾向です。私の受けた暴力は、私の内面をも襲い、今なお何かを拒否するということを難しくしています。

二つほど例をあげましょう。

私は、クレジットカードを持っていません。もし私が自由に自分の銀行口座を使うことができるなら、お金をすべて、世界中の貧しい人たちに与えてしまうはずです。それでは私のみならず、家族をも危険にさらしかねません。妻は、私のこのようなところをよく理解し、守ってくれています。私の行動を、常に見張ってくれていることに感謝しています。

私は〝与える〟ことによって、自分が〝認められている〟と感じてしまう人間なのです。それで私は、いつもポケットに小銭を入れておいて、貧しい人たちには、求められるよりも先にそれを出すようにしています。与えるのは5フランぐらいです。それが、私の方が彼らよりちょっとだけ景気がよい分です。母のいる老人ホームを定期的に訪ねていますがそこでいつも、生活保護を受けていて自由になるお金があまりないらしい男性と出会います。彼は私を見ると、そばにやって来て、ビールを1杯飲むためのお金を控え目に要求します。私はポケットの中身に応じて、いつも彼に2～5フランを渡します。彼が喜んでくれると私は嬉しいし自分が誇らしくなります。こういう理由で私が知らない人に近づいてお金を施すのは、厚かましい行為なのでしょうか……

もう一つは、私にとって「明確な態度を取ることがどれほど難しいか」という例です。何年か前、入院した時のことです。医師は私を見て、何の気なしに言いました。「きれいな足をしているね」。そして、私の足を撫《な》で始めたのです。普通の人なら、すぐに足蹴りでも食らわせるところでしょう。しかし、私はそうすることができませんでした。体がこわばってしまい、身動きが取れなくなり、ひとことも発することができなくなりました。やっとのことで「やめてくれ」と叫び、起き上がってその場を逃げ出しました。彼は同性愛者で、遊び相手を探していたのです。私は完全に混乱してしまい、どうしたらよいか分からなくなってしまいました。

この出来事は、私に重くのしかかりました。自分がまだ、性暴力の犠牲者役から完全に抜け出せておらず、ジョエル・アラス神父に犯されていた頃の心の動きに、すぐに戻されてしまったことを感じました。このように、被害者の中には、大人になってもなお被害を受け続けている人がいるのです。外からは分からないことですが、修正することが難しい、信じられないような心の動きがあるのです。これらの感情は、知らないうちに複雑に絡み合い、結果として『何としても評価されたい』『どうしても拒否されたくない』といった感情になってゆくのです。『誰かに襲われるのではないか』という不安も、常に心の中にあります。治療を受けて18年たって、私はやっと「ノー」と言えるようになりました。わが家で、家族が気兼ねなく「ノー」という言葉を使うことができるようになってから、まだ5年しかたっていません……

私が大人になってからのこのようなエピソードは、私の子供の頃の行動を理解するのに役立ちます。あの頃私がしっかりしていて、健全な精神をもった少年であったなら、下着を下ろしてペニスを口にすることを求めた神父に「ノー」と言えたのでしょう。しかし、私にはそのひとことが言えませんでした。もう近づかないという意思を伝えるためにアラス神父のもとを訪ねたのも、大叔母に命じられてのことでした。

いずれにせよ、彼はそれより前から私に言っていました。「君はもうすぐ青年期を迎える。そうなれば、私にとって興味の対象外となるだろう」と。そして〝もっと年上の青年を好む神父〟の名前を出しました。私は彼の玩具に過ぎず、神父は興味を失うぎりぎりまで私を弄《もてあそ》んだのでした。

私に対する神父の性虐待が終わったのは、1972年のことでした。私は13歳になっていました。あの日私は、性暴力を受けたという事実を、重い墓石を載せて封印したのです。計算してみると、合計で200回以上、彼に辱めを受けていたことになります！

私は大聖堂の侍者を続けました。義務教育が終了し、中学校に行くと成績も上がりました。思春期に入った私は、以前より気持ちが落ち着いていました。しかし、性に関しては大きな問題を抱えていました。女の子たちが恐かったのです。彼女らが近くにいると、それだけで激しい不安に襲われました。実際、恋愛にも性にも心が向きませんでした。特に、性行為に関しては、これ以上恐ろしいものはありませんでした。

それまでの私の人生は卑屈なものでした。もし、アラス神父による悪魔の支配から逃れられなかったら、決して自分を取り戻すことはできなかったでしょう。しかし、苦難の時は終わったのです。私はもう過去のことは考えないことにしました。理想としては、その時から精神科の治療に身を委ねるべきでした。しかし、その時の私は、過去を封印することにしました。まだ、汚れを落とす時期ではなかったのでした。

修道士たちの救済

1973年、中学校へ通うようになった私は、神の摂理とでも言うべき申し出を引き受けることになります。友人が人を探していると聞いた時、私はちょうど夏休みのアルバイトを考えていたところでした。友人は、夏休みの間、シュヴィーツ州のアインジーデルンの修道院で、調理場の補助として働くことになっていました。しかし、彼は他の用が入ったため、代わりになる人を探しているところだったのです。修道院では、調理場で野菜を切ったり皿を洗ったりすることのできる人が不足していました。

給料もよく、環境も抜群の仕事でした。これこそ、天から降ってきたマナです。私は、この魅力的な申し出を、ほとんど即答で受け入れました。「僕がやると神父様に伝えてくれ！」。

今思い返してみても、本当に信じられないような話です。フリブールの駅のホームに立つ14歳の私にとって、生まれて初めての一人旅でした。どんなところへ行くのかも分かりません。アインジーデルンへは、どの駅を経由して行けばよいのでしょうか――まるで世界の果てにでも行くような気持ちでした。直行列車はなく、何度も乗り換えをしなければなりません。7月の初めで、雨が激しく降っていました。寂しさが容赦なく募ってきます。

アインジーデルンの天気も最悪でした。雨に加え、山岳地帯特有の濃い霧が立ち込めていました。列車を降り、ホームに立って、その時初めて、修道院の住所を知らなかったことに気づきました。聞くのを忘れていたのです。駅を出て、駅前の中央広場まで歩いて行くと、目の前に巨大な建物が聳え立っているのを見ました。

アインジーデルン大修道院

それまで、これほど大きな建物を見たことがありませんでした。「ここに違いない」と思いました。入り口を探さなければなりません。しかし、あらゆる表示がドイツ語で書かれていました。思ってもいなかったことです。

建物の周りを一周し、門のベルを押しました。年配の男性が門を開けてくれましたので、私はたどたどしいドイツ語で尋ねました。

「ヴォルフガング神父様はいらっしゃいますか?」

なんとか通じたようで、彼は答えてくれました。

「ええ、ええ。どうぞ、お入りください」

私は中に入りました。すると、程

なくして、誰かが階段を急いで下りてくる足音がしました。あっという間に、ヴォルフガング神父が私の目の前にやって来ました。来客への対応が、彼の仕事のようでした。彼は、唖然《あぜん》とした表情で私を見つめました。私の背の高さに驚いていたようです。そして、アクセントの強いスイスドイツ語訛《なま》りのフランス語で叫びました。「大きいねえ！」。そのとおり！　私は弱冠14歳でしたが、身長はすでに192センチメートルもあったのです。ここへ来る前に髄膜炎を患い入院していて、そこで急激に身長が伸びたのです。そのため、背は高かったのですが、枯れ木のように痩せ細っていました。

「君は真面目な子ですか？」。神父はまずそう尋ねました。私は「真面目です。少なくとも同じ年齢の若者の平均よりは真面目です」と答えました。「ご両親は何をされていますか？」。簡単に身の上話をしました。

「私の家庭は貧しく、父親は何年も前に出て行ってしまい、母親が女手一つで私たちを育ててくれました。今、母は体を壊してしまっています」

ヴォルフガング神父は、こう言いました。「君は行儀がよく背が高いので、ここでの仕事にぴったりだ。門衛がよいと思う」。調理場で仕事をするのではなくなりました。内心、門衛の仕事は私にとって魅力的でした。私は人が好きで、どんな人とも心置きなく話すことができたからです。

仕事はとても簡単なものでした。誰かがベルを鳴らしたら門を開け、中に入れてから、しばらく待ってもらいます。ヴォルフガング神父は、中世を舞台にした映画にでも出てきそうな、大きな鍵の束を私に手渡しました。こうして私の仕事が始まったのです。

その日、私は別世界に足を踏み入れたのです。修道院内は豪華絢爛でした。まるで美術品のような階段、あちこちに置かれた彫像、大きな絵画がたくさん飾られた回廊と、まるでお城にでもいるような気分でした。

何日か過ごすうちに、ここが千年以上も続く、ベネディクト会の大修道院だということが分かってきました。アインジーデルンは、スイス屈指の巡礼地で、ロールシャッハからジュネーブまでスイスを横断し、サンティアゴ・ディ・コンポステーラに至る〝聖ヤコブの道〟の宿営地にもなっていました。巡礼者が必ず訪れる「黒い聖母像」はとりわけ有名です。

壮麗なバロック様式の大修道院には、すばらしい広間がいくつもあります。中でも、特に美しいのが、歴代修道院長の居室として造られた「修道院長の間」です。大修道院は〝智の殿堂〟としても知られ、美術や音楽、文学の専門家として名の通った修道士がたくさん生活していました。私は、この俗世から隔絶された空間へ入ることを許された、たった1人の少年でした。鍵を持っていたので、修道院内のあちこちに行くチャンスがありました。今でも、修道院内の隅々に至るまでの記憶が鮮明に残っています。私は、門衛用の部屋で寝起きしました。小さいながらも便利な部屋で、キッチンも付いていましたが、トイレは回廊まで出なければなりませんでした。

修道士たちは、私を仲間として扱ってくれました。夕食は、食堂で彼らと一緒に取りました。想像してみてください！　1人の少年が、大きなテーブルで修道士たちに囲まれて座っている姿を。修道士の中には、香部屋係や製本係もいました。

彼らは皆トトー[※13]と呼ばれる中央スイス出身の人たちです。私は学校でほとんどドイツ語を習っていません。それなのに、彼らはドイツ語方言のアレマン語で話しかけてくるのです。まるで、大きな蜂がブンブンと羽音を立てているように聞こえました。フランス語は全く話されません。しかし、何も分からなかったという割には、あまり困った思いをした記憶がありません。私には、何もかもが珍しく、しかも、こんなにも早く自分が受け入れられたことが嬉しくてたまらなかったのです。

当時、修道院には二つの食堂がありました。一つは修道士用で、もう一つが司祭用でした。修道院長は、１６１人の修道者たちを本当は一つの食堂に集めたかったようですが、古い修道士たちが納得しませんでした。

なぜならば、修道士と司祭では、規則に違いがあったからです。

修道士の多くは職人で、彼らは手を用いて仕事をします。修道院には大きな厩舎があり、彼らの仕事の主だったところに馬の世話がありました。その他の仕事としては、庭の手入れ、土いじりなど、敷地内の管理業務がありました。職人である修道士には、食事の時に会話の自由があり、その特典を失いたくなかったのです。

一方、司祭たちは知的な仕事に従事していました。食事の時は沈黙して、読誦を聞かなければなりませんでした。私が修道院に来たばかりの頃、それらはまだラテン語で行われていましたが、後にドイツ語になりました。

私がとても若かったので、修道院長は、修道士用の食堂で食べられるよう取り計らってくれました。

修道院に着いて最初の夜、信じられないようなことが起こりました。夕食を取ろうとしたその時、玄関のベルが鳴りました。午後6時を過ぎ、修道院の門は閉ざされていました。しかし、門衛になりたての私は、好奇心が旺盛で、すぐにテーブルを立ちました。今度は、私が来客を迎え入れる番でした。「こんばんは、グーテンターク、鍵が掛かっています」。男性が私の前に現われ、ほほ笑みながら言いました。「君はフランス語ができるんだね！」。

ちょっとしたやりとりがありました。「はい、私は少し前に着いたばかりの新しい門衛です」。彼は私に家族のことや私自身のことなどを優しく尋ねた後、訪問の理由を話し始めました。「修道院長の間で見たいものがあるんだが、夕食の時間なら、また後から来るよ」。私は、出直してもらうのも悪いと思い「今行ってみたらどうでしょうか」と言いました。中のことをよく知っている人だと思ったのです。男性は、迷うことなく目的の広間に向かい、私は広間の入り口で彼が戻るのを待っていました。

少しすると、彼は広間から出てきました。そして、真っすぐ私の前までやって来ると、5百スイスフラン紙幣を私の手に握らせました。私にとっては、天文学的な金額です。これほど高額な紙幣を見たのは、生まれて初めてのことでした。私は受け取りを拒みました。しかし、無駄でし

※13　トトー（Totò）は、特にスイス・ロマンド（フランス語圏のスイス）で、アレマン語を話す人々、あるいはスイスドイツ語圏出身の人々を指す時に使われる通称。

た。「このお金は君のものだよ。土曜日にまた来るから、すぐ近くのレストラン〈プファウエン〉で食事をしよう。親切にしてくれたお礼さ」。

私は思い切って「どちらの方ですか?」と聞いてみました。「ミグロスだよ」と短く言って、彼は帰って行きました。

翌日は、素晴らしい好天に恵まれました。私は、町の散策に出かけました。ここはスイスのど真ん中で、険しい山々に囲まれた真っ青な湖の岸から、これ以上ないほどの美しい景色が広がっています。私はその絶景をじっくり味わいました。

修道院に戻ると、すぐにヴォルフガング神父の部屋へ行き、昨夜の出来事について話しました。ところが、驚いたことに、彼はひどく怒って、すぐさま私に解雇を言い渡したのです。「次の列車に乗って家に帰りなさい!」。全く理解ができませんでした。「ですが神父様、私がお金をせがんだわけではないんです。門を開けると、フランス語を話す男性がいたんです。彼を修道院長の間に通しました。すると帰りがけに5百フランくれたんです。受け取れないと言って返そうとしたんです。でも、土曜日にまた来ると言って帰ってしまいました」。神父は、冷静さを取り戻したようで、土曜日まで待ってもらえることになりました。

週末になり、約束どおり例の男性がやって来てベルを鳴らしました。私は申し訳ない気持ちで、神父に言われたことを話しました。すると男性は驚いて言いました。「なぜお金のことを話したりしたんだい? あれは君にあげたものなのに」。私は「ごめんなさい」と言うしかできませんでした。すると彼は事情を察したのか「ヴォルフガング神父さんを呼んできなさい」と言いました。

呼びに行くと、神父は小走りにやって来ました。ヴォルフガング神父は50歳代のがっちりした体格で、転ばないように修道服の裾を片手でたくし上げながら、いつも階段を2段飛ばしで上り下りしていました。神父は、男性を見るや突然立ち止まりました。不意打ちにでも遭ったという表情をしていました。どう話したらよいか分からないようでした。

男性の名前は、ピエール・アーノルド[※14]。スイスの流通業界最王手、ミグロス社の会長でした。「修道院長の間」の修復のために、多額の寄付をしたばかりでした。本を執筆しているところで、広間の壁に書かれたラテン語の文字を書き写しにやって来たのでした。

2人は、私がまったく分からないスイスドイツ語で、長いこと話し合っていました。話が済むと、私はアーノルド氏とレストランへ食事に行きました。修道院に戻ると、ヴォルフガング神父は「大切な人なのに、なぜ名前を言わなかったのか」と私を咎《とが》めました。でも、知らなかったのですからどうしようもありません。お小言の最後にヴォルフガング神父は「頂いたお金は全額、銀行口座に入れなさい」と言いました。

修道院で過ごした5年の間、私は定期的にアーノルド氏と会うことになります。おそらく、人生の中でも滅多にないだろうすばらしい出会いでした。彼には感謝の気持ちでいっぱいです。彼

※14　Pierre Arnold（1921 − 2007）スイスの実業家。1976年から1984年までミグロス社（Migros）の会長を務めた。

は、実例を挙げながら、〝他人に親切であることの大切さ〟〝困っている人を助けることの意義〟を教えてくれました。

私は、彼の言葉をすべて吸収しようとしました。一緒に湖岸を散歩している間にも、いろいろな事を教えてくれました。彼と知り合えて、本当に良かったと思います。

ある日、彼との約束を忘れてしまったことがありました。次に会った時、彼は怒りもせず、落ち着いた口調でこう言いました。「ダニエル、覚えておくんだよ。人と上手に付き合っていくコツは、常に約束を守ることだよ」。この言葉は私の胸に深く刻まれ、それ以来私は、何を置いても時間だけは守るようにしました。予期せぬことが起こった場合は、電話をして謝るようにしました。

アーノルド氏は、私にとって最初の師です。私は彼を尊敬していました。そして、信頼していました。さまざまな事を熱く教えてくれていたあの日々が、昨日のことのように思い出されます。「何か事業を起こしたいのならば、まず初めに、そのためのお金を確実に備えることだよ。それができないのならば、やめた方がいい。最初に必要なお金を集め、その上で仲間を集めるんだ」。私が彼の教えに従わなかったのは、この1点だけです！

彼はまた、私に助言を求めてくることもありました。一つ、私の自慢話を記します。彼はその時、農家の人たちとの間に、係争中の案件を抱えていました。農民らはアーノルド氏の政治力に頼った訴訟の進め方に反発し、ついには氏の家に爆弾を置くという暴力的な騒ぎにまで発展してしまいました。

私は、彼が不安を感じていることを知っていました。2人で歩いている時、彼は突然こう尋ねてきました。「身を隠すとしたら、どこがいいだろう？」。私は即答しました。「カルトジオ会のヴァルサント修道院です」。彼はそのとおりにしました。フリブール州グルイエール村にあるその修道院の、静寂の中に逃げ込んだのでした。おそらくは、聖堂修復のための費用を出資したのだと思います。

この出来事は、私にとってすこぶる名誉なことです。私は、彼にとって影響力のある人間ではありませんでした。それなのに彼は、私に一目置いてくれたのです。このような方法で、私程度の者の意見でも尊重していること、そして私を価値のある者と見なしていることを示してくれたのです。それが、アーノルド氏という人でした。

修道院で過ごした最初の夏休みから、私の人生には新しい道が敷かれました。普段は学校に通い、夏休み、クリスマス、カーニバル、そして復活祭の時期になると修道院へ行き、門衛の仕事をしました。

義務教育が修了すると、その先の進路を決めなければなりませんでした。私は看護の仕事にとても興味があり、それで看護学校に入学ました。しかし私は、看護が「ほとんど女性の仕事であること」を知りませんでした。最初の授業の時、私が唯一の男子学生であることを知って驚きました。大変なショックでした。これほどのショックもありません。女の子たちに囲まれて、体の底からえも言われぬ不安が湧き起こってきました。しかしながら、それはあの忌まわしい過去の経験とはまったく関係がありません。あの時どうして女の子たちの存在が私を苦しめたのか、今でも分かりません。

追い討ちをかけるように、女性校長が〝クギ〟を刺すために私を呼びつけました。「ダニエル、私たちには分かっています。あなたがここにやって来た目的が。私の学校でおかしな振る舞いは絶対に許しませんから」。私があたかも「すでに女子学生を襲っている」とでも言いたげな厳しい口調でした。私は当惑しきって校長室を出ました。そんな雰囲気を我慢できるわけがありません。『もう耐えられない』と感じました。私には、看護学校を出て行く以外の選択肢はありませんでした。

学校を去る決心をし、まるで初めから決めていたように、修道院へ逃げこんだのです。1976年のことでした。

ヴォルフガング神父は私の気持ちを理解し受け入れてくれました。この時から彼は私の父親代わりとなり、いつも私を守ってくれるようになるのです。しかし、私は修道院で何をすればよいのでしょうか。神父は「門衛の仕事を続けなさい」と言いました。加えて、香部屋係の仕事もすることになりました。フリブール大聖堂で侍者をしていた私にとって、香部屋係は本業のようなものでした。すべての所作を知っていましたので、気持ち的にも楽でした。そのようなわけでヴォルフガング神父は、私に修道服を着せることにしました。その方が見栄えがよかったのです。

修道院では、修道士らと同じ階の、小さな屋根裏部屋を与えられました。「人生の中で、最も幸福な時期は？」と尋ねられたら、迷わず「あの頃」と答えるでしょう。修練士たちは皆親切で優しく、強い絆で結ばれる仲間となりました。

私たちは、スイスのあちこちからやって来ていて年齢も異なっていましたが、一様に修道院での生活を求めていたのです。私以外は総じて学歴が高く、学識ある人がほとんどでしたが、そのことは全く気になりませんでした。私は精神的に満たされていました。そして、たくさんのことを学びました。

ヴォルフガング神父は私を受け入れてくれましたが、それは「神学を学ぶ」という条件付きでした。そこでまず、高等学校と同等の教育課程をもつ「後期中学校」の授業を受ける許可をもらいました。神父たちは皆そこで先生をしていて、私は彼らの授業のほとんどに出ることができました。ヴォルフガング神父は、特別な個別指導によって、より私に合った教育を受けられるようにしてくれました。私がこの学校に通う他の生徒たちと、同じ教育を受けてきていなかったためです。生徒らは皆裕福な家庭の出身で、すでに高い文化的教養を身に付けていました。ヴォルフガング神父は、私が彼らと同等の教養を身に付けることを望んでいました。それで、考え得る最良の教育を受けさせたのだと思います。感謝すべきは、能力に応じて学習する機会を与えてもらえたことです。タイピングを学ぶと、私はあっという間に〝優秀なタイピスト〟になりました。

修道院の人々は、私の家族でした。そして今や私の人生は、修道院の内側の世界となっていました。繰り返し聖書や聖人たちの著作に触れることによって、私は少なからず神秘主義者のようになってしまったようです。現実世界から離れたところに住み、ちょっとばかり世間の感覚からずれてきたことを感じていました。「つくられた生活」でしたが、それを認めたくはありませんでした。修道生活にすっかり収まっていることで、幸せを感じていたのです。

母は、その頃もまだ不安定な精神状態でした。しかし、いつまでも病院のお世話になることはできませんでした。私は、もはや自分を惑わす環境で生活することを望んでいませんでしたので、母のいるフリブールには長いこと帰っていませんでした。しかし、母とは良好な関係を保っていました。常に連絡を取り合っていたので、母が、私が修道生活を選んだことを支持してくれているのも知っていました。

それでも母は、私が修道院で居心地の悪さを感じていると思ったのか「マルタ・ロバンに手紙を書いたらどう?」と勧めてきました。「彼女の助言に従ってみるのがいい」と言うのです。フィネ神父がすぐに返事をくれました。「マルタ・ロバンはあなたのために祈っています。霊的指導司祭を選ぶようにとのことです」。私はそのとおりにし、司教座聖堂付き参事会員の司祭を、霊的指導者として選びました。

神父との黙想は、大きな実りをもたらしました。私は、自分の修道士としての召命に疑いをもち始めていたようです。『アフリカに宣教に行く』ということも考えていて、担当の司教[※15]ウジェーヌ・マイヨ師に相談しました。彼は、私にそれは適さないということを見抜き、スイスで宣教師になるよう勧めてくれました。

マイヨ師が、私と会った2日後に突然帰天したという事情もあって、この助言は忘れられないものとなりました。彼の言葉を、遺言として受け止めました。

それでも、差し当たっては、自分の将来についてそれほど不安を感じていませんでした。修道院では他にもすばらしい出会いがありましたが、その一つを記しておきます。

私は当時、修道院の最も若い門衛でした。ある夜、誰かが門を叩くのに気づきました。門を開けると、真っ黒な服を着た2人の美しい婦人が立っていました。彼女らは修道院長との面会を求めました。私は2人に、努めて優しく「修道院長は、サルベ・レジーナの前には人と会いません。もう少し後で来られるのがいいと思います」と言い、門を閉じました。

サルベ・レジーナは、修道院では夕の祈りの後、感謝を込めて唱えられる賛歌です。少しすると、落ち着かない様子で修道院長がやって来て「女性が2人訪ねて来なかっただろうか」と聞いてきました。私は「はい、いらっしゃいましたが、帰っていただきました」と答えましたが、院長の態度からすぐに、自分がまずいことをしてしまったことを悟りました。女性の一人は、ボヘミアとハンガリーの王妃、ツィタ皇后[※16]だったのです。第一次世界大戦の後、夫と共に退位させられ、さまざまな国を渡り歩いていました。

私が会った時の彼女は、クール司教の保護のもと、スイスのグラウビュンデン州に住んでいました。ツィタ皇妃は、信心深い敬虔なカトリック教徒で、かつて教育を受けたベネディクト会とは深いつながりをもっていたのです。彼女は、アインジーデルンの修道士たちをよく訪ねて来て

※15　Eugène Maillat（1919 – 1988）スイス出身。アフリカ宣教会（Missionaries of Africa）の司祭。1959年から1979年までギニアのンゼレコレ教区の司教を務めた。
※16　Zita von Bourbon-Parma（1892 – 1989）オーストリア＝ハンガリー帝国の最後の皇帝カール1世の皇妃。

いたようです。再びやって来た時には、私は平謝りに謝るしかありませんでした。

修道院にやって来る人たちを覚え、どんな時でも中に入れてよい人と、そうでない人を区別できるようになるには、もう少し時間が必要でした。

1987年、私は兵役に召集されました。入隊しなければならない年齢になっていたのです。フリブールに戻り、兵役に就ける健康な体かどうか、さまざまな検査を受けました。その結果は思わしくなく、身体的にも精神的にも不適格と判断され、スイス軍からはいったん入隊を拒否されました。私はすぐにでも修道院に帰りたかったのですが、国民の義務として何らかの軍務には従事しなければなりません。厳しい審査を経て、私は危険性の低い部隊に配属されることになりました。衛生部隊です。しかし、それでも私には荷が重過ぎ、そこでの業務に耐えることができませんでした。それで結局、軍事教育関係のデスクワークに就くことになりました。


4ヵ月の兵役を終え修道院に帰った私は、修道院長に「修練士になりたい」との希望を伝えました。願いは叶えられました。その時私は19歳で、修道院の中で最も若い修練士となったのです。

修道士たちは私をよく知っていたので、喜んで迎え入れてくれました。しかし実際のところ、概して何をするにも指示がないとできませんでした。修道院長は、司祭になることを望まなかった私を、修道士にしようとしました。私はその決定に大満足でした。修道士は簡単な誓願を立て、修道院の日常業務に当たります。院長は、修道院が正しく機能するように司祭、つまり神父の数を制限していました。この数は、修道会士らの活動内容によって変わってきます。修道院長から「君はどの部署で働きたいですか？」と尋ねられました。私は、迷うことなく「図書館です！」と答えました。アインジーデルン大修道院の図書館は、豪華な家具で飾られた壮麗な広間にあり、そこには20万冊を超える本が収蔵されていました。その中で最も古いものが作られた年代は、11世紀にまで遡《さかのぼ》ります。まさにバロック芸術の宝庫でした。私は、それらを、詩編の勉強や神学の講義のない時ならば、いつでも自由に読めるという、これ以上ない幸運を得たのです。

修道院の小さな日課を繰り返しながら、私の生活は緩《ゆる》やかなリズムで続いていきました。読誦、聖歌、カード遊びにアルペンホルンの練習。そして、何よりも祈りが中心の生活でした。私の明るい性格が好かれました。修道院一のお調子者で、罪のない悪ふざけも許され、皆から愛されていました。

１９７８年の12月８日に修練期間が終わり、簡単な誓願を立てました。清貧・貞潔・従順という三つの精神による修道生活に専念することを誓ったのです。そして、新たに「ヴィンセント」という修道名を頂きました。

修道士たちは家族そのもので、彼らといる日常はこの上なく心地よいものでした。彼らには、あたかも一緒に育ってきた兄弟のような感覚を抱いていました。それぞれの修道士が私に、さまざまなことを教えてくれました。彼らの話を聞いたり思いを共有したりすることによって、私は実に多くのことを学んだのでした。

エフレム修道士は、いつ訪ねても私を歓迎してくれました。彼は真の友であり、93歳になる今でも、私が顔を見せると大喜びしてくれます。彼から習ったのは、祈りでした。「ダニエル、祈

修練者時代の著者（1979 年）

るんだ。十分な祈りなどないんだよ」。私の祈りの足りなさが、彼の心配の種でした。

私より少し年上の、ペーター・フォン・ズュリーという修道士も傑出した人物でした。辛抱強い彼は、図書館に収められている全蔵書の目録を、時も惜しまずに作っていました。並外れた集中力で、毎日かなりの数の目録を作っていましたが、病気の時でも決して手を休めることがなく、まさしくベネディクト会士の鏡のような修道士でした。彼は私に、星を眺めることを教えてくれました。

「よく見るんだ。自然の中に身を任せることで、その神秘が分かるようになる」

異色の才能をもったアルフォンス神父も忘れられません。私が修道院にいた時は、毎晩欠かさずクラシック音楽を聴かせてくれました。30分のプログラムが用意されており、私が寂しそうにしている時はモーツァルトを、体調の良さそうな時はシューベルトの歌曲を聞かせました。自分の選んだ曲を聞かせた後で「どうだった？」と感想を尋ねるのが常でした。

バイオリンをたしなむ音楽家でもある彼は、私がどのように音楽を感じたかに興味があり、質問すれば博学な知識で答えてくれ、時が過ぎるのを忘れて議論し合うこともありました。これ以上ない善良な人柄で、知性に溢れ、なによりも謙虚な人でした。音楽という共通の話題のおかげで、私たちは互いをよく知ることができました。何年か前に、神父がひっそりと亡くなったということを知らされました。

私を育て上げてくれた修道士たちのリストを作ったら、きりがありません。彼らは私を守り、寂しい時には時間を割いて付き合ってくれました。

私は彼らの息子であり弟でもあって、彼らの愛情を身に沁《し》みて感じていました。彼らと出会って気づいたのは〈何かを学ぶためには、自分より先輩の人たちを見つけなければならない〉ということです。私はそれを実行しました。そして、彼ら先輩たちが、それぞれのやり方で私を高めてくれたのです。

私は、心の平安を取り戻していました。しかし、時がたつにつれ、この修道院の中で一生を過ごすことはできないだろうと感じるようになりました。修道院は巨大でした。日曜日になって自分の部屋の中で一人になってしまうと、静寂と孤独が重圧となって、強い不安に苛《さいな》まれるようになってしまったのです。やがて不安と共に『このままでよいのだろうか』という疑問が浮かんでくるようにもなりました。わずか1年の修練期と3年の誓願期が、私の人生をどう変えたというのでしょうか。修道院長はそんな私の精神的な脆《もろ》さに気づき、絶えず気にかけてくれていました。

誓願期が終わる前の夏に私は体調を崩しましたが、その時『看護の仕事に就く』という考えが再び頭の中に湧いてきました。修道士の多くは高齢です。看護士の資格をもった修道士がいれば、喜ばれるはずです。我ながら妙案だと思い、すぐ実行に移しました。

クールの看護学校に入学する前に、病院での実習を命じられました。院長のシスターは、私が一般人として働いて給料をもらえるようにしてくれました。

看護の仕事をしてみると、今まで知らなかった現実と対面することを余儀なくされました。私は、精神的に大きな打撃を受けました。祈りと静寂に満ちた修道院という温室の中で守られ、のうのうと何不自由ない生活をしてきた私が、いきなり人の痛みや悲しみに直面する世界に放り込まれたのです。『これから毎日、毎時間もの間、他人の苦しみと向き合わなければならない』。そう考えると不安でたまりませんでした。

病院での仕事は、容赦なく厳しいものでした。私は何でも屋で、常に患者と一緒にいて、あれもこれも何でもしなければなりませんでした。入浴介助、ベッドの上げ下ろし、散歩の同行、着替えの手伝いなど、患者の身の回りの世話が主だった仕事でした。ちょっとした応急措置の仕方や、包帯の処理の仕方も学びました。患者らに話し掛け、無言で彼らの話を聞くことも仕事でした。私は、彼らの悲しみや苦しみを感じ取っていました。知らず知らずのうちに、なんでも吸収してしまうスポンジになっていたようです。彼らの苦悩は、私のまだ隠されていた苦しみに大きな影響を与えつつありました。

ある朝、いつものように病室に行き、患者の体温を計ろうとしました。しかし、手に触れると、冷たくなっていました。氷のような冷たさ……　大変なショックを受けました。亡くなっていることは明らかでした。これは、まったく予期せぬ出来事でした。このような場面に遭遇することもあるということを、誰からも教えられていませんでした。早朝のため、病室にいるのは私だけです。皆、まだ寝ていました。私がよく知っている人、私が世話をしている人の死でした。

私はどうしたらよいか分かりませんでした。その時、おかしな考えが頭の中を駆け巡りました。彼を地下室に運ぶというアイデアです。それで、彼の乗ったベッドを病室の外の廊下に出し、エレベーターのボタンを押しました。しかし、いざエレベーターに入ろうとした時、大変なことに気づいたのです。『エレベーターの中で、亡くなったこの人と二人きりになってしまう……』。とんでもないことです。私はなぜかエレベーターの扉を閉め、亡くなった人を中に置いたまま、そろそろ起きてくるだろう他の患者の介護をしに行ってしまったのです。やがてフロアがざわとし始めました。「アーネストさんが消えてしまった！」「アーネストさんはどこにいるのだろう？」。私は、彼をエレベーター内に置き去りにしたことを、正直に言わねばなりませんでした。何という恥じさらしでしょう！　私は院長に呼び出され、厳重な注意を受けました。

しかし、時がたつとともに、私の仕事も少しはましになっていきました。自分の人生が、新しい方向に向かっていることを感じていました。休憩時間には修道院に戻りましたが、正直なところ、退屈でした。修道士はどのようにして休み時間を過ごすのでしょうか。聖書を読む？　沈黙のうちに祈る？　何をするにしても、狭い部屋に閉じこもることに変わりはありません。エレベーターの事件後の私は、もはや閉ざされた空間にいることが耐えられなくなっていました。不安が一気に高まってしまうのです。

そのような状態を見て、修道院長は、私に食事の自由を認めてくれました。しかし、仲間たちからは反対されました。「一人だけ他の修道士たちと同じルールからはみ出すのは良くない」というわけです。私は、ますます落ち込んでしまいました。

そこに追い打ちをかけるように、新たな問題が降りかかってきました。病院で私は、２人の女性看護士と出会いました。とても魅力的な女性たちで、私は一瞬で虜《とりこ》になってしまいました。しかし、女性に心を奪われたという事実に、とても動揺してしまったのです。私は修道士ですから、それはあってはならないことでした。私には、どうしたらよいか分かりませんでした。25キロも痩せ、重い鬱《うつ》に陥りつつあったようです。

当時の私は、鬱という病気があることを知りませんでした。そして、ついに悲劇が起こりました。ある日、車が1台、崖から転落するという大事故が起きました。病院中が大騒ぎになりました。救急隊が事故現場に急ぐことになり、私も救出作業に加わったのです。悪夢のような事故でした。

車は、垂直に切り立った崖から真っ逆さまに落ちていました。けが人を救出するためには、崖を下りなければなりません。私には不可能なことでした。激しい目まいに襲われ、崖の下をのぞくことさえできませんでした。

間もなくヘリコプターがやって来ました。救助隊員は、亡くなった男性と大けがを負った女性とを抱えて戻ってきました。女性はまだ生きていましたが、虫の息でした。私は彼女の横にいたのですが、腹部にはハンドルが突き刺さっていました。もう助からないことは明らかでした。私と目が合いました。彼女は口を開き、私に何か話し掛けました。友人が助かったかどうかを尋ねたようです。そして彼女は、私の横で息絶えました。その瞬間、私も彼女と一緒に死んでしまったと言うべきでしょうか。私はその場に崩れ落ちました。急性髄膜炎でした。もはや、修道院の部屋に戻ることすら困難でした。

病は重篤でした。病院に運ばれ、2ヵ月半入院しました。急性髄膜炎を発症したのは2度目でした。最初が1971年、2度目がこの時1980年のことでした。恐ろしい結果がもたらされました。私は、身も心もぼろぼろになってしまいました。退院後、望んで修道院に戻りましたが、心に大きな穴がぽっかりと空いてしまったのを感じました。切実な心の問題が起こり始めていました。心の不安が突然大きくなるのです。何をしていても不安で、特に〝人がいないこと〟が耐えられませんでした。倒れるのが恐く、修道院の各階へ通じる廊下を横切ることさえできませんでした。サルベ・レジーナを唱えに行く気力さえありませんでした。今なら分かりますが、眠っていた少年期のトラウマが蘇ってしまい、それが私を苦しめていたのです。しかし、その頃は「過去の経験がブーメランのように戻ってくること」が、ほとんど知られていませんでした。

修道院長は、親身になって心配してくれました。そして、私の抱える問題が極めて重いことを察しました。それで私を違った環境の中で休ませるため、しばらく家に帰すことを決めたのです。私はスイス・ロマンドに帰り、子供の頃に預けられていたことのある家庭のもとに行きました。彼らは、私のためにありとあらゆることをしてくれました。精神科で治療を受け、6ヵ月後、修道院に帰ることを申し出ました。

修道士たちは、私を新たに迎えてくれました。しかしながら、もはや何かが崩れてしまっていました。世間と切り離された生活が耐えられませんでした。修道生活の中のあらゆるものに対し、拒否反応が出るようになりました。聖書を読むことさえ我慢できませんでした。他の修道士たちとの食事も拒みました。動悸が激しく、抑えることができなくなるのです。その場から逃げ出さないためには、テーブルにしがみついている他ありません。寝ることもままなりませんでした。

私は『もうこれ以上この生活を続けることはできない』と考えるようになりました。修道院長が「心を整理し直すために、1年間の休みを取ったらどうか」と提案してくれましたので、それに従いました。しかし、休養を取ってみても心の状態は変わらず、修道院に帰ることができなくなってしまいました。1981年、ベネディクト会総長は、私の誓願を無効とする決定を下しました。もはや私は修道士ではなくなりましたが、その気になれば修道院に戻ることはできました。「聖ベネディクトの戒律」によれば、修道士は3度までは修道院に戻ることが許されていたのです。

誓願の無効――この決定は受け入れ難いものでしたが、それしか他に道がないことは分かっていました。とうとう、修道院と私を結んでいた〝その緒〟が切られる時が来たのです。7年後、修道院に戻ろうと考えたことがありましたが、やはりまだ修道生活の静寂には耐えられませんでした。静寂が不安を生み、それを支配することができなかったのです。静寂は、私の中で、大きな不安を引き起こしました。それはあたかも「無」であり、同時に「死」を意味するものでした。

アインジーデルン大修道院は、私の先生でした。修道士たちへの感謝の気持ちは、ここに書き尽くせないほどです。彼らは、これ以上ないくらい私を大切にしてくれました。私は、一人の司祭から性暴力を受け、最悪の人生を歩んでいましたが、修道士たちに救済され、人生は好転しました。アインジーデルンという信仰の篤い土地で、修道士たちの限りない愛情を受け、自分自身を見つめ直すことを始めました。修道院で私は学びました。自分の経験を、一般的な出来事と思ってはいけないということを。修道院を去る時であっても、私の教会への信頼は微塵も損なわれていませんでした。

たとえ忌まわしい罪を犯す司祭がいたとしても、だからといってすべての司祭が腐敗しているというわけではありません。私の経験が、それを証明していると思います。

家族ができる

修道院を出て、私は家に帰り、母と暮らすことになりました。

当時、私は自分の受けた性暴力について、まだ誰にも話したことがありませんでした。一風変わった独身生活が始まりました。フリブール州立図書館で司書の募集をしていることを知り、応募すると、採用されました。なぜ採用されたのでしょうか?

採用責任者に私は、修道生活をやめた精神的にもろい人間だということを包み隠さず話しました。このように自分のことを正直に話した率直な態度が、功を奏したのかもしれません。すぐに働くことになりました。

私の直属の上司は、後に最高の友人となったジョルジュでした。州立図書館の館長は教養豊かな人で、私を呼んでこのように言いました。

「ピッテ君、君は選ばれた人間だ。レイフ氏のアシスタントをやってもらいたい。給料が少なくて驚くかもしれないが、この図書館で働けるのは名誉なことなんだ。私たちはみんな家族のようなものだから、居心地は悪くないはずだ。私たちは、特に学者や専門家へのサービスを行っている。君に期待しているよ」。

私はその前の2年間、アインジーデルンの図書館で過ごしてきたばかりでしたから、新しい職場はすぐに気に入りました。私が入ったばかりの頃は、定期刊行誌の部署は滅茶苦茶な状態でした。至るところに本が置かれ、床にも積み重なっていました。雑誌の山が2つのフロアに隙間なく広げられていました。『これで大丈夫か?』と心配になってしまうほどの乱雑ぶりでした。しかし職場の雰囲気は温かく、気さくそのものでした。誕生会や出産、結婚など、何かがあるとパーティーになるのです。私はすぐに慣れました。

この図書館で、哲学と宗教について、ユダヤ教のラビと二人の熱心なカトリック信者の間で長時間交わされた議論を覚えています。エキュメニズムの先駆けでした。ラビは私に言いました。「結局は、ダニエル、君たちはイエスを知っている。しかし私は知らない。だが私たちだってイエスを待っているんだ」。1993年に公的組織が再編されると、私は、パート勤務者として融資局でも働くようになりました。仕事は好きでしたが、何とかこなしている状況でした。5年間の修道院での生活が、私の人生をすっかり社会から遠ざかったものにしていました。それで私は、たびたび巡礼に出るようになりました。心を新たにして、いろいろな人と関わりたいと思ったのです。そのような感傷的な動機から、自分探しの旅を重ねたのです。

そうこうするうちに、私はある女性に恋をしました。しかし、積極的に自分の気持ちを打ち明けることができませんでした。積極的だったのはむしろ彼女の方でしたが、そのうち離れて行きました。その後で、私の貞操を奪おうとするドイツ人女性と出会いました。初めての体験は恐ろしいものでした。最後まですることができず、そのことが私を苦しめました。私には無理なことでした。心はまだまだ壊れやすく、新たなくぼみにはまり込んでしまいました。

私は、心の苦しみをジョルジュに打ち明けました。少年時代に起きた出来事を話したのです。私がそのことを他人に話すのは初めてのことでした。例の女性と性的関係を結ぼうとした時、私の中に蘇ってきた心の傷を、正直に話しました。話しているうちに涙が止まらなくなりました。

彼は私の話に口を挟むことなく、静かに聞いてくれました。私は絶望し、死にたいとまで思い始めていました。ジョルジュは私が抱え込んでいる危険が大きいことをすぐに理解し、「誠心誠意を尽くして君を救う」と言ってくれました。彼の存在がなければ、私は遅かれ早かれ、自分の命を絶っていたと断言できます。

彼は、自分の時間の多くを割き、私を支えてくれました。その日から半月の間1日も欠かさず、仕事へ行く私を迎えに来てくれました。1日も欠かさずに、です。朝の6時半になるとアパートの玄関のチャイムが鳴りました。彼が来てくれなければ、私は図書館に通えず、家に引き籠ってしまっていたでしょう。歩くことも、仕事に行くことも、バスや電車に乗ることも、とにかく全てが恐かったのです。体には、さまざまな症状が出ていました。心の苦しみが、体の症状となって現れていたようです。ほんの一例ですが、長い間、毎年、同じ日に、私は肺炎を発症していました。ジョルジュは精神科医のところに行くよう勧めてくれ、私は彼の助言に従うことにしました。

意を決して精神科の扉を叩いた私を迎えた医師は、話を徹底的に聞き、落ち着く時間を与えてくれました。私の心の奥底にあって鍵で閉じられた扉を、最初に開けてくれた一人がこの医師です。医師は私に力強く語ってくれました。「ピッテさん……　あなたは鬱《うつ》病です、しかも大変重篤な。しかし、出口のない道はありません。時間と勇気が必要です。今、川に落ちたら、あなたはうまく泳げないでしょう。しかし岸には、あなたを助けようとする人がいます。みんながあなたを助けようとしているのです。あなたがしがみつけるような棒を差し出すことを躊躇《ためら》わないでしょう。しかし、誰も水には近づけません。あなたが、自分の力で岸まで泳がなければならないのです。心を落ち着けてやってみましょう。きっとうまくいくはずです」。

彼の言うとおりでした。しかし、どれほど苦しい闘いをしなければならなかったでしょう！鬱は恐ろしい病で、当事者にしかその苦しみは分かりません。抜け出すきっかけさえ与えられれば十分と思われていて、すぐそれに反応できるという単純なイメージがあります。確かにその通りなのですが、その点がまさしく問題なのです。鬱になると、その場に釘付けにされたようで、何もできなくなってしまうのです。鬱状態のときに一人でいたら、自殺してしまうケースも稀《まれ》ではありません。常に誰かが傍にいて、鬱の患者が生きるため、1日ごと、いいえ1時間ごとに、最大限のエネルギーを注いでやらなければなりません。それを、ジョルジュは私にしてくれたのです。

私とジョルジュの間には、並外れて強固な絆が築かれていきました。私たちはごく短期間のうちに「ヨハネによる福音書」の中にある『友情についての教え』そのものの友情で結ばれていました。「わたしがあなたがたを愛したように、互いに愛し合いなさい。友のために自分の命を捨てること。これ以上に大きな愛はない」というイエスの言葉を、私は身近なものとして理解することができたのです。

私たちの友情はむしろ厳粛なものであり、次のような無言の取り決めがあったように思います。『今後、互いの人生の中でいかなることが起きても、私たちの友情は決して変わらない。私たちの心と心を結ぶ友情は、喜びや悲しみ、問題や不安を共有するなかで、日々強固になっていく。幸福で、穏やかな時の流れの中で、この友情は深さを増してゆくが、避けては通れない暗く悲しい時にこそ、ますます強められる』。

ジョルジュは独身を選び、独身であることを楽しんでいました。私たちの間には、同性愛的な要素は微塵《みじん》もありませんでした。私と彼とは真の友情、大きくて奥が深く誠実で無条件の友情によって繋《つな》がっていました。私には、自分自身の命を守ってくれる大きな存在が必要でした。ジョルジュがまさにそれだったのです。その時私は、35歳になっていました。

ヴァレリーが私の人生に登場したのは、ちょうどこの時期でした。彼女は神学科の学生で、よく図書館に通って来ていました。カルメル会の修道女《シスター》になることを夢見て修道院に入りましたが、1994年の8月1日に退会します。さまざまな不安を抱えてしまい、自分が修道生活に向いているかどうか、分からなくなったのです。

8月1日はスイス建国記念日です。その日の夜、いっしょに食事をし、私は彼女に交際を求めました。しかし、彼女は明らかに狼狽《ろうばい》し、慌《あわ》てたて様子で帰ってしまいました。

翌日、私たちの関係をはっきりさせるために、再び会う必要がありました。ヴァレリーは私に尋ねました。ありふれた質問でしたが、私には電気ショックのように響きました。「あなたは、これからどのように生きていくの?」。難しい質問でした。私は『どうにかして生きて行くしかない』と思っていました。自分の存在意義も分かりませんでした。私たちは、お互いに質問をぶつけ合いました。2人とも少し混乱した状況となり、それから〈純粋な気持ちで、霊的な道をいっしょに歩む〉ことに決めたのです。

私たちは『これから歩む人生が、自分たちにいったい何をもたらすのか』を考えました。そして、私たちの歩みを支えてくれる司祭を探すことにしました。

しかし、母が知っている司祭を頼ることを私は望みませんでした。その頃、母との関係は複雑で難しいものになっていました。母は私をマインドコントロールしようとしていたのでした。つまり、何にでも口をはさみ、私の人生に直接関わろうとしていました。いつも私のしていることを知りたがり、私が休日をどう過ごしたのかまで聞くようになっていました。私は完全に母の支配下にありました。私はまったく独立させてもらえず、母が身の周りのことを何でもしていました。財布さえ同じものを使っていたのです。女性の友だちを家に連れてくると、血相を変えて追い返すのでした。まるで雷でも落ちたかのような勢いでした。私を縛り付けておくためなら、どんな醜《みにく》い手も使いました。そのことを私は、痛いほど肌に感じていました。母はジョルジュやアインジーデルンの司祭など、私の親友のうちの4人に手紙を書き、私が母をないがしろにしていると非難しました。幸い、4人はそれぞれ、私に母の手紙の内容を知らせてくれました。それを知って私は、母に空恐ろしいものを感じました。母は、実際に私の心の大きな負担となっていたのです。

私は、ヴァレリーと共に歩んで行きたいと思っていることを、母に話しました。しかし母は、ヴァレリーが私の人生の中に入ってくることを認めませんでした。彼女をライバルとみなし、彼女と付き合わないように命じました。私は一晩考えました。朝になると、決心が固まりました。ヴァレリーとのことについて、ジェヌー神父[※17]に助言を願うことにしたのです。母は勝負に負けたことを悟りました。しかし降参せず、タヌキ寝入りを始めました。何も食べなくなり、病院に運び込まれました。「死んだらお前のせいだ！」と私をなじりました。私は敢えて冷たく突き放すように言いました。「死にたいなら、死ねばいい」。私は『どうしても母の手から離れなければならない』と感じていました。そうしなければ、私の精神的な安定が図れないことに気づいたのです。ヴァレリーとの人生を築くために、私は母から解放される必要がありました。

ヴァレリーは強い女性でした。私を母の手中からむしり取ったのです。その方法は次のようなものでした。第一に、母に対してわざと慇懃《いんぎん》な話し方をしました。常に一定の距離を置くためです。それは、母に対する宣戦布告となりました。

それに対して母は、伝家の宝刀を抜いてきました。彼女に長い手紙を送り付け、その中で、私の秘密を暴露したのです。つまり「ダニエルは、いくつもの病院で心の病と診断されている」と。母はそれまで、そのことを他人には決して明かしたことがありませんでした。しかし、ヴァレリーには伝えたのです。どんな手を使っても、私を手放したくなかったのでしょう。

ねじれた親子関係の中で、確かに私は母に負い目がありました。母は食事を作り、掃除や洗濯をし、お金の管理もしてくれていました。私たちの生活は規則正しく、まるでミサの典礼のようでした。毎晩、7時29分になるといっしょにテレビに向かい、ニュースを見ました。終わると立ち上がって、テレビのスイッチを消すのです。私が今でも家の中にテレビを置きたがらないのは、この時期の習慣を思い出したくないからです。母の力は、私のそれを上回っていました。母とのこのような生活が健康的ではないと知りながら、どうしてもそこから逃れることができなかったのです。一人暮らしをしようとも思いませんでした。そのくせ母親と暮らしていることを恥じていました。女性には人並みの興味がありながら、母親の庇護の下にいる独身男…… 他人はきっと、私に何か問題があるに違いないと、疑いの目で見ているのではないかと思っていました。

私は、ヴァレリーと歩んで行くことを決めましたが、もし2人がそれぞれ修道生活を続けているか、他の人と結婚していたなら、私たちは結ばれなかったでしょうし、出会うことさえなかったに違いありません。ジョルジュは、早く結婚するよう私を急かせました。母と生活している私が幸せに見えなかったのです。こう言って私を励ましてくれました。「結婚生活を営むうえでは、〝性〟が大切だということを忘れてはいけない。君は、もう大丈夫なはずだ」。

自分が少年期に司祭による性暴力の被害者だったことを明かすことができるほど、ヴァレリーとの関係は深まっていました。彼女は私の話に耳を傾け、私を責めたりはしませんでした。反対に、私の今の状態を訊《き》いてきました。「あなたの中にも、小児性愛の傾向があるの？」。この質問は、

※17　Bernard Genoud（1942－2010）スイス出身の司祭。１９９９年から帰天する２０１０年までローザンヌ・ジュネーブ・フリブール教区の司教の任にあった。著者の霊的指導者であり、後にはスイスにおける司祭の児童性虐待問題の責任者として、この問題の解決に努めた。

それまで一度も自分自身に問いかけたことがなかったもので、その数ヵ月後から始まる心理療法《セラピー》においても、中心に置かれたテーマです。私は「女性と性行為をするのが恐い」と彼女に伝えました。私は、責められることを心配することなく、思うままを率直に話したつもりです。話すことは自由への一歩でした。話し終えて気持ちが楽になるのを感じ、少しだけ肩の荷を降ろすことができました。

私たちは、ベルナール・ジェヌーという名の司祭を選びました。彼はその後ずっと、私たちの霊的歩みに寄り添ってくれました。時間ができたときは、そのほとんどを祈りと黙想に充《あ》てました。そしてそれは、お互いをさらによく知る機会となりました。

私たちは二人とも、とても強い個性をもっています。しかしヴァレリーは、私との折り合いの付け方を知っていました。

結婚の準備が最終段階を迎え、私はもはや不安を覚えることもなくなっていました。ジェヌー神父は『いよいよその時が来た』と考えました。私たちに異存はなく、ヴァレリーと私は1995年に結婚しました。そしてその後、グレゴア（1996年）、マチルド（1998年）、リュドヴィク（2000年）、シモン（2001年）、アン・レア（2002年、ダウン症で生後4ヵ月の時養子にした子）、そしてエドゥアル（2004年）が生まれます。ヴァレリーと私は、実に6人の子福者となったわけでした！

1996年、私の生活が大きく変わって行ったまさにその時期、父が不意に私の人生に再び姿

1995年、結婚した著者と妻のヴァレリーさん
（撮影／ジャン・クロード・ガドマー）

を現わしました。私はその時まで、父は死んだと信じて疑っていませんでしたが、なんと、まだ生きていたのです！　これが人生というものでしょう。弟のシャルルが『もう一度父に会いたい』と願い、探していたのでした。弟はある精神科の病院で父を見つけました。そこに父は、数年前に収容されたそうです。

私は、グレゴアが生まれたばかりということもあって、父との再会にはあまり気乗りしませんでした。とりあえずお披露目パーティーの招待状を送ってみたのですが、返事はありませんでした。そのことを別段悲しみもしませんでした。しかし弟は〈もう一度、家族全員が一同に会すること〉を望んでいて、私の家で食事をしたいと持ちかけてきました。私はあっけに取られましたが、ヴァレリーは「あなたのお父様であることに変わりはないのだから」と、自宅での会食に賛成しました。私は、父にどのような料理を用意すればよいか分からず、当惑しました。どうやら、サラミが好きだということが分かったので「どうぞサラミを食べにお越しください！」という、おかしな招待状を送りました。

そして、運命の日がやってきました。父が私の家の玄関口に立ったとき、出迎えた私は、目の前の人物がどこの誰だか分からないほどでした。33年ぶりの再会……　私の前にいるのは、すっかり禿《は》げ上がった寡黙な老人でした。

しかしこの再会は、後々、忘れられないものになりました。数日後、私はジョルジュに向かってこう言っています。「ジョルジュ、信じられるかい？　父と会ったんだ。父親になったばかりのこの僕が、だよ！」。

1996年、父親アンリを囲む兄、弟とダニエル氏（左）

その少し後、ジョルジュが、突然逝《い》ってしまいました。最良の友を失ったことは、筆舌に尽くしがたい大きな悲しみでした。彼の家族は、私が他の友人らと葬儀を執り行うことを認めてくれました。それは、私がジョルジュにできた、せめてもの感謝の表明でした。ジョルジュは、正義感が強く、エネルギッシュで心の広い人間でした。私にとっては、兄に等しい存在でした。私が今でもこうして生きていられるのは、彼のおかげに他なりません。図書館で働いていられるのも、彼のおかげなのです。ジョルジュが亡くなった日、私の中で何かのスイッチが入りました。私は考えました。「ジョルジュが死んだ。自分はどうすればいいのだろう。何もできない。また、鬱になってしまうのか。それとも、生きて行くべきなのか」。私は生きて行くことを選びました。ヴァレリーと子供たちがいたからです。彼女らの存在がなかったら、私はジョルジュの後を追って死んでいたでしょう。彼は、私を思いやりで満たしてくれました。私は、彼から与えられたものを、永遠に返すことができません。ですから私は、苦しんでいる人がいれば、私のできる限りのことをするようにしています。ジョルジュは、私をヴァレリーに託しました。彼が亡くなってみて、初めて、唯一無二の友を失ったことに気づかされました。

1998年、父が再び私たちの家にやって来ました。父は、孫のマチルドを腕に抱き、写真を撮りました。そこには、兄と弟もいました。父は幸せそうで、かつて私たちを捨てた人のようには、とても見えませんでした。むしろとてもよい昼食会となったため、気をよくした弟は、1年後に、知り合ったばかりの父方の従兄弟らも交えて、新たな食事会をすることを計画します。私たちよりも、従兄弟たちの方が、父をよく知っているようでした。父のことをいつも知らせてくれるのも従兄弟たちで、彼らは父を、とても素晴らしい人間だと思っていました。父がいかに優秀な左官職人だったかを話してくれました。父を尊敬していたようです。姉と妹もやって来ました。そこで私たちは、初めて父の病状がとても悪いことを知りました。

1999年の10月、病院から一本の電話がありました。看護士が、父の病室の小机の中に、長男グレゴアの披露パーティーの招待状を見つけ、そこにあった私の電話番号に連絡してきたのです。看護士は、私が父の何に当たる人なのかを知りません。もちろん、父に5人の子供がいるなど知るはずもないことでした。看護士は、父の病状が良くなく、あまり長くないことを知らせました。私たちは、順番に父の見舞い行くことに決めました。

驚きでした。父は、私たちを一時も忘れたことがなかったのです。私が載っている新聞記事をたくさんもっていました。それは、私が、プレア・テモイナーの仕事をしている時のものでした。父は、私が修道士だったことも知っていました。結局父は、私が父のことを知っている以上に、私のことを知っていたのです。父が、病気のために30年以上も子供たちと会う機会を奪われ、それに苦しんでいたことに、初めて気づかされました。

私は、父のそのような一面を知って、心を揺すぶられました。姉は、母を病院に引っ張って来て、父に会わせました。父は母が分かりませんでした。しかし母に向かってこう言いました。「素敵な女性ですね。もう少し若かったら結婚したかった」。私たちが父とよりを戻し、無理やり会わされたことで、母は機嫌を損ねてしまいました。

それから何カ月か後、家族で夏休みを過ごしていた時のことです。ある夜、私は何の原因もないのに眠れなくなりました。かつてなかったことでした。翌朝、スーツケースを纏《まと》め、家に帰ることに決めました。何かが起こっていると感じたのです。ヴァレリーは不満顔でした。8時に電話が鳴りました。病院からでした。未明に父が亡くなったとの知らせでした。本当に、信じられないような話です。私は、重大なことが起きつつあることを、なんとなく感じていました。父が死の間際で私を呼んでいたのでしょうか。

葬儀をするので、お決まりの死亡広告を出すことになり、そこに喪主として母の名前を載せることに決めました。その時になって初めて、父と母が正式には離婚してなかったことを知りました。それで、母の名前を父の妻として出すことができたのです。

葬儀は、盛大なものになりました。ローザンヌでは、木製の棺ならば、無条件で火葬が可能なので、私たちは火葬を選びました。生前の遺志により、父はシヴィリエスに埋葬されることになりました。シヴィリエスはロモンの近くの町で、福者[※18]マルガリートゥ・バイが、若い頃に聖痕を受けたことでも知られています。葬儀の日は、大荒れの天気で、どしゃぶりの雨が降っていました。葬儀ミサの後、しきたりどおり墓地に向かいました。最も厳粛な瞬間、骨壷を手にした墓地の職員が私の前へ歩み出て、重々しい声で言いました。「お父様です！」。その時、珍しい事が起きました。私に声をかけると、その職員は小骨堂に近づき、骨壷を置こうとして、泥に足を滑らせたのです。壺はひっくり返り、中の骨は全て地面に落ちてしまいましたその横では、職員がひっくり返って倒れていて、まるで喜劇のようでした。皆、口をポカンとしてそれを眺めていました。

父が、私たちとの人生を、このようなおかしな形で終わらせたのでしょう。それにしても、父に再び会えたのは、私にとって意味のあることでした。その時、私はすでに2人の子の父親でしたが、自分がまさか人の親になることができるとは思ってもいませんでした。私は、父親としての精神を、父から受け継がせてもらったのでした。

私には父がおらず、父のイメージはむしろ否定的なものでした。気が荒く、母を殴っていた父の姿しか覚えていません。父親はいませんでしたが、私を実の子供のように愛し、接してくれた人々との出会いがたくさんありました。私は、父の面影に重なる他の父親を探していたのかもしれません。

アインジーデルンでは、ヴォルフガング神父の子供とみなされていました。今でも修道院に行くと、修道士たちは口々にこう言います。「ヴォルフガング神父の息子のダニエルが帰ってきた！」その他にアーノルド氏、そしてジョルジュもいました。私を成長させてくれた彼らは、それぞれが父親としての理想の姿でした。

しかしながら、彼らをしても、将来私が父親となる姿は想像できなかったはずです。今、私は父親です。そして子供たちを心から愛しています。私は、家族に対して誠実だと思います。完璧な父親ではありませんが、子供たちのためなら、どのようなことでもする覚悟はできています。子供たちは、私の歩んできた人生を知っています。彼らには包み隠さず話しました。しかし、話を始めると止まらなくなってしまうことから、妻に制止されるようになりました。場所や手段をわきまえず、自分のこれまでのことをあまり話すべきではないというわけです。

このように止めてもらえることが、私には必要です。私は、一人では自分を抑えることができないのです。時として子供たちは、私が同じ話を持ち出すことを嫌がります。子供たちの思いは尊重しなければなりません。まだ理解できないようなことを話すべきではないと思っています。私は、子供たちの気持ちを大切にする父親でありたいのです。

また、子供たちとの間には、母が私との間には決して置かなかった壁を置いています。私は意

※18　Marguerite Bays（1815 – 1879）スイス出身の神秘主義者。在世フランシスコ会の会員で、生前、聖痕を受けていたことで知られる。１９９５年にヨハネ・パウロ2世によって列福された。

2011年、母親マリー・テレーズ・ピッテと著者

識して、子供たちの心の内側を守るようにしています。自分が被害者であったことから、性については用心深さがあります。私の子供たちは、厳重な監視下にあるということが言えるでしょう。子供たちが所属するさまざまなグループの責任者には、こう警告しています。「もし何か起こったら、全員刑務所行きだ！」。大げさかもしれませんが、言わずにはいられないのです。私の子供のうち一人でも私と同じような苦しみを味わうことになれば、それは耐えられないことです。

私は、子供たち全員に、この本を書いていることを伝えています。彼らの反応はさまざまです。一番下の男の子は12歳ですが、考えが方が柔軟でこう言います。「パパ、素晴らしいことだよ。パパの好きなようにすればいいよ。本を出そうとしているのは嬉しいよ。もしおかしいと思ったら、伝えるよ」。14歳の息子は、あまり納得していないようです。一番上の子は、無関心ですが私を励ましてくれます。「やるべきことをやればいい。パパは自由だし、大人なのだから」。ありがたい意見です。

私は父親として、然るべき権威をもっています。叱れば、子供たちは素直に聞き入れます。しかし、心の弱さからか大声を上げてしまうこともあります。子供たちとは、良い関係にあると思っています。私は必要とされていて、いつも彼らの話に耳を傾けようと努めています。今、彼らには将来の経済的自立のために、キャリア教育をしているところです。

幸運なことに、ヴァレリーは素晴らしい母親です。学校のことも、ほとんど彼女に任せています。私は、そちらの方はてんでだめです。しかし、一つだけ私がしなければならないことがありました。それは、子供たちへの性教育です。子供たちには、必要なことを教えました。

私がヴァレリーと出会えたのは、神の摂理としか言いようがありません。人智を超えた力が働かなければ、私は決して自分で立ち上がって歩むことができなかったはずです。今でも私はもろく壊れやすく、場合によっては死に至ることもあるので、禁じられていることも少なくありません。しかし、私は幸せな人間だと思っています。

プレア・テモイナー

その頃、私の中に『人の役に立ちたい』という思いが湧《わ》いてきました。しかし、何をどのようにしたらよいか分かりませんでした。私にとって、教会はいつも変わらぬ〈大きな家族〉であり、教会への希望を失ったことは一度もありません。

実際、教会への信頼は、微塵《みじん》も揺らぐことがなかったのです。私を虐待したジョエル・アラス神父の存在は例外であり、性暴力を受けていた当時から彼を〝病人〟と見なしていました。彼の行動だけが問題だったからです。

彼は「光」と「闇」という2つの側面をもっていて、それは二重の人格から来るものであることを、私ははっきりと感じていました。ですので、私は幼かったにもかかわらず、彼が私に淫らなことをしている時は『この神父は病気なのだ』と思うことができたのです。

さらに当時、私は教会で、彼のような人を「憎まないように」と教えられていました。「病人や、心の病んだ人を憎んではならない」と。そうした教えを常に意識していたおかげで、混乱することなく、アラス神父の行動と教会そのものを同一視することがなかったのでした。教会には尊敬すべきすばらしい人間性をもった人たちが、召命に基づいて生活していることは事実でしたから、私にはそれだけで十分だったのです。

修道院を去った後も、私はアインジーデルンの司祭たちと連絡を取り合っていて、定期的に彼らのもとを訪れていました。１９８４年のある晩、スイス司教協議会事務局長の修道士から電話を受けました。「教皇ヨハネ・パウロ２世がスイスを公式訪問することになり、滞在中に随行員の案内ができる人を探している」とのことでした。事務局長は、その役に私が適任ではないかと考えたのです。私は迷わずその申し出を受けました。『教皇に会えるかも知れない』という、密かな希望もありました。

私の仕事は、教皇に随行した司教たちを、車でスイス国内のあちこちに案内することでした。待ち時間の多い仕事で、その時間を埋めるために、随行団の手荷物を管理していた神父の手伝いを申し出ました。神父は、私が何者で、普段どんなことをしているのかを尋ねてきました。その時初めて、彼が教皇の個人秘書であることを知りました。旅の道すがら、荷物を運ぶ手伝いをしながら、アインジーデルンをよく知っていること、なぜならそこで修道士として5年半を過ごしたから――という経緯を説明しました。

教皇との出会いは、思わぬ形でやって来ました。その日の私の仕事は、エキュメニカル会議の事務局長とアテナゴラス総主教の代理者を、ジュネーブからアインジーデルンまで連れて行くことでした。彼らを修道院の中まで案内したら、後は車に戻るだけです。私は修道院の内部をよく知っています。なにしろ、いつも鍵を持ち歩いていたわけですから。実際、今でも私の部屋はそのままに保たれており、修道院を訪れた時はいつもそこで寝泊りしています。修道院内を結ぶ迷路のような廊下も、すべて頭の中に入っています。

その日、信じられないことが起きました。階段の途中で、教皇とばったり出くわしたのです。

まさかこんな所に私がいるとは思ってもいなかったのでしょう、教皇に付き添っていた修道院長が、怪訝《けげん》そうな顔で私を見ていました。教皇は、枢機卿用の宿舎に滞在していました。私を見ると一瞬驚いた様子でしたが、教皇は格式張った人ではなく、気さくに「君は誰かね？」と話しかけてきました。どうやら個人秘書が、私のことを教皇に伝えていたようです。その証拠に教皇は「自分の家に帰れて嬉しいだろう！」と言ってくれました。教皇は、驚く私を真っ直ぐに見つめ、こう尋ねました。

「ダニエル、君はまだ苦しんでいるんだね？」

私は黙って頷《うなず》きました。教皇との会話は、数分間続きました。私は、修道士たちにいかにお世話になったか、そして、どうして修道院を去ったかを話しました。そして最後にこう言いました。

「私は幸いにも、信仰を失うことはありませんでした」。

教皇は私に微笑みを返し「修道院を去った者が信仰を失わずにいるのは、稀《まれ》なことだ」とつぶやきました。そして私をじっと見て、ゆっくりと肩を抱き、こう言いました。

「君は信仰を失わなかった。神は君をいつも守ってくれている」。

ささやかな出会いでしたが、言葉には表わせないほどの感動の瞬間でした。翌日、個人秘書が「いつでもローマに招待する」と伝えてくれました！

わずかな期間でしたが、〝教会の重鎮〟と呼ばれる人々と過ごしたことは、私にとって忘れられない思い出となりました。何よりも、いつくしみ溢《あふ》れる態度と眼差しで私を受け入れてくれた、教皇ヨハネ・パウロ２世との出会いがありました。

教皇・ヨハネパウロ２世に謁見する著者（1987年）
©L'osservatore Romano 1987

私は、その時点では『自分がローマに行くことはないだろう』と思っていました。ところがわずか1年後、教会活動に熱心な友人が「巡礼団を募ってローマ巡礼を計画しよう」と持ち掛けてきたのです。そういうことは私の得意とするところでしたので、提案を二つ返事で引き受けました。

２年の準備期間を経て、60人の若者たちから成る巡礼団が結成されました。１９８７年、準備がすべて整いました。教皇秘書のはからいで、私たちは教皇に謁見する機会を与えられました。

この謁見は大変感動的なものとなりました。教皇は、私をはっきりと覚えていてくれたのです。その後私は、何度か巡礼団を率いてローマを訪れ、その度に教皇と面会することができました。

教皇の前に出ると、自分が救われたことを感じます。教皇が、私に温かな眼差しを注いでくれるからです。私を〝傷ついた者〟と見なしてくれていることが伝わってきます。それぞれが忘れられない出会いとなりました。共に祈りを捧げることで、教皇は私に生きる勇気を与えてくれました。私を受け入れ、新たな活力を注いでくれたのでした。


教皇随行員の運転手を務めたことで、その後も同じような仕事が舞い込んで来るようになりました。その中に、とっておきのエピソードがあります。

ある日、ピエール・マミ司教から電話がありました。「ジュネーブで裕福な家庭の子供たちの堅信式があるので、付き添ってほしい」ということでした。ここで予《あらかじ》めお断わりしておきたいのは、マミ司教は教会一筋の人物ですが、身なりに無頓着なところが一切ない人だということです。ですので、司教が司式する「堅信式」となれば、私には当然それにふさわしい服装と態度が求められます。私は、居ずまいを正してミサに臨みました。大聖堂に着き、堅信式のミサが始まる直前、司教は私の耳元でこう囁《ささや》きました。

「ソフィア・ローレンが来ていると言っている人たちがいたよ。できればあいさつをしたいので、君に任せてもいいかね?」。断る理由もありません。唯一の気がかりは、私がその女性の名を聞いたことも、顔を見たこともないことでした。しかし、私はそのことを大して気にも留めず『何とかなるだろう』と思っていました。空いている席を見つけて座ると、周りは、毛皮を着て高級そうな帽子を被《かぶ》った人たちでいっぱいでした。『ネクタイをしてきてよかった』と思いました。隣には、でっぷりした男性が座っていました。ミサの開始を待つ間、彼と少しだけ言葉を交わしました。

「今日来ている人たちに、お知り合いは多いのですか？」

知り合いはいたようです。彼の娘が地元の私立学校に通っていて、堅信を受ける一人だったからです。

「ソフィア・ローレンがどこにいるか、教えていただけますか？」

すると彼は、私の方をさっと振り向き、私の顔をまじまじと見つめ、あきれたように言いました。

「君の向こう隣に座っているご婦人がそうだよ」。

これで万事解決です。事はうまく運びました。後は、ミサが終わるのを待つだけです。

マミ司教の説教はすばらしく、会衆に感動を与えました。隣の男性が私の方に体を寄せ、小声で「司教の名前を知っているかい？」と尋ねてきたので「マミ司教。ローザンヌ・ジュネーブ・フリブール教区[※19]の司教です」と、少し得意げに答えました。すると男性は、自己紹介してきました。

※19　英：Diocese of Lausanne, Geneva and Fribourg 本書では「ローザンヌ・ジュネーブ・フリブール教区」と表記する。

「私はフレデリック・ダールだよ」[※20]。私はまったくピンときませんでした。ソフィア・ローレン同様、聞いたことのない名前でした。彼は私をあきれ返った顔で見ています。それで『何かを言っておかなければ』という気持ちになり、次のように言ったのです。「私は5年間修道生活をしていたアインジーデルンの修道院を出たばかりなんです……　名前はダニエル・ピッテです。よろしかったら司教にご紹介します。私は司教の運転手役を仰せつかっているんです」。

それから、ソフィア・ローレンの方に向き直って言いました。「司教がご挨拶したいと申しておりますが、ご都合はいかがでしょうか？」。嬉しいことに、彼女は微笑《ほほえ》んで頷き返してくれました。

私が2人を司教に引き合わせたのです！　まずは、フレデリック・ダールからで、驚いたことに、彼らは以前から知り合いだったように自然に挨拶を交わしていました。その時は知りませんでしたが、これが、2人の友情の始まりだったようです。後に2人は、共著で本を出しています。フレデリック・ダールが人生の最後の時を過ごしたフリブールの家で亡くなった時も、葬儀ミサを司式したのはマミ司教でした。

ソフィア・ローレンの存在は、格別なものでした。

彼女は美しく気さくで、別世界の人のようでした。司教と型どおりの挨拶を交わした後、聖堂を出る前に私に向かい「あなたは、どんな方なの？」と尋ねました。私は、自分が世間の事情に疎《うと》い理由を説明しました。すると彼女は、可笑《おか》しそうにこう言うのでした。「あなたはたぶん、私のことを知らない、世界でたった一人の人だわ」。私たちは、心をこめて挨拶を交わし合いました。

フリブールは、一大巡礼地なので、大きな祭事がよく行われていました。フリブール出身の世界的彫刻家、ジャン・ティンゲリーの葬儀にも関わりました。彼の風変わりなことは広く知られていますが、葬儀もまた彼らしい変わったものでした。これまで私のまったく知らなかった世界があるということを知らされました。

私たちは主催者側だったので、状況を確認するために人々の群れの中を歩き回っていました。誰も私たちを知らないので、気に留められることはありません。話すこともありませんでしたが、彼らの会話は耳に入ってきました。私は、このような状況の中でも、参会者たちがあけすけに性的な話をしているのを聞いて当惑しました。とはいえ、本質的にティンゲリーは、その手の話が好きだったのかもしれません！

ある日、いつものように、マミ司教が私に教会の仕事を持ち掛けてきました。興味のある話でした。私に「伝道の仕事をしてみないか」と言うのです。１５０年前にイエズス会士らによって作られた組織だそうですが、近年、若者が不足し、活気を失っているということでした。

※20　Frédéric Dard（1921 – 2000）20世紀後半のフランスを代表するノワール小説作家。特にサンアントニオ警部が活躍する警察小説のシリーズが有名。

私は代表と会うことになりました。古くカビ臭い部屋に、年配の人ばかりが集まっていた記憶が残っています。明るい雰囲気はまったくありませんでした。話が一段落すると、代表がこのように言いだしました。「私たちの新しい代表が見つかったよ。名前はダニエル・ピッテさんだ」。

私は驚き「代表って、いったい何の？」と口走っていました。よく分からないまま部屋から出て、彼に訊《き》きました。「私はいったい何の代表なのでしょうか？」。彼はこともなげに答えました。「君はこの〝宣教グループ〟の代表だよ」。私は、すぐにこう訴えました。「だとしたら、あなたに手伝ってもらわないと。いきなりやって来た私だけでは、うまくいくはずがありません」。後継者を見つけたことで負担が軽くなったのか、彼は、当面、私を手伝ってくれることになりました。


宣教グループの中には、いろいろなタイプの人がいました。会議はお世辞にも合理的とは言えないものでした。理解しがたい議論の応酬で、何をするにも意見が合いません。そんなある時、私はこう言いました。

「ちょっと頭を休めましょう。このグループには活力が必要です。お互いの信頼の上に、会を一つにまとめていかなければならないと思います。私たちを分裂させてしまっているものを取り除きましょう。もう一度、一緒に考えましょう」。彼らは口々に言いました。「何のために一緒に考えるのですか？」。私は答えました。「祈り、証《あか》するためです」。私の中には、長い間、生活の中で信仰を証ししたいという思いがありました。神学を探究するといったことではなく『具体的に福音を生きる』ということです。

こうして誕生したのが「プレア・テモイナー協会」です。この新しい組織の中で、さまざまな出会いが生まれることになります。それらの一つひとつを書いていたら、紙が何枚あっても足りません。その中から、選りすぐりの出会いをいくつか記《しる》そうと思います。私は、彼らから大きな影響を受けました。私を立ち直らせてくれたのも、彼らです。

協会の目的は、定められた年間テーマに沿って講演活動を行うことでした。講師には優れた指導者を招き、彼らの歩んできた道について話してもらいました。とりわけ、祈りが大きな役割を担っていたのは、講演の中に必ずミサを入れたことでも分かります。金銭に関して問題があったことはありません。寄付がとても多く、その額も年々増えてゆきました。知り合いの神父たちのほとんどが、活動に協力してくれました。

1990年、フリブール大学で、最初の大きな講演会が行われました。選ばれたテーマは「性」に関する事柄でした。これは偶然ではありません。私はその当時、性について問題を抱えており、解決策を探していたのです。私自身が情報を得、それを分かち合い、他者の経験を聞く機会を求めていたのでした。そうした中、私は一冊の本と出会いました。そこには、禁欲や貞潔が「神からの賜物《たまもの》」と書かれていました。私の中の〝修道士魂〟に火がつき、その本を書いたダニエル・

※21　Daniel Ange, O.S.B.（1932－　）ベルギー出身の司祭。世界で最初の祈りと福音のための国際神学校「ジュネス・ルミエール」の創設者。

アンジュ神父を招くことを提案したのです。講演当日、千人を超える若者が彼の話を聞きに来ました。大成功でした。私たちは悟りました。「このような私たちの身近にあるテーマなら、必ずうまくいく」ということを。そして「この方向で今後もやって行くのがよい」ということも。そのような方針のもと、他の講師と交渉しました。そのためにフランスまで足を延ばし『どのようなテーマが今、求められているか』を調べたこともありました。

　私たちは、雑誌二誌から協賛を得ました。一誌は若者向け、もう一誌が成人向けです。私たちの目的は、何といっても「宣教」でした。同じ志を持つメディアが私たちの実践活動を応援してくれたのでした。私たちの会は、さらに確かなものになってゆきます。優れた会計と秘書役を得たのです。ヴァレリーが活動に加わってくれたのでした。

「プレア・テモイナー」に関わることによって私は、人生を取り戻し、人生に意義を見出すことができるようになりました。巡礼団をつくってアインジーデルン、パライユ・ル・モニアルやアルスを訪れたり、スペインやポーランドまで足を運んだりすることもありました。フリブールからの巡礼者は50人程度で、私はバスの中で、いつもロザリオを唱えながら自分自身を見つめ直していました。年に数度、ローマにも行きました。そこでも、私たちに協力してくれる人を探すことができました。ラジオやテレビの番組に参加することで、決して会うことがなかったような人たちとも会うことができました。

　１９９４年、ギ・ジルベール[※22]をプレア・テモイナーに招き、講演会を行いました。彼は、当時〝ならず者たちの司祭〟としてその名を知られていました。犯罪者たちを前にして行った講演は、多

2006年、ギ・ジルベール神父（左）、ロズリーヌ・ド・ショーレさんと著者
（撮影／ジャン・クロード・ガドマー）

くの人々の共感を得ました。ギ神父は、社会から疎外された人々を、まったく新しい視点から見ていました。彼は、苦しむ若者たちに『罪からの救いは必ずある』という希望をもたせ「いつかは暗闇から抜け出せる」と説きました。そして「神の愛の眼差しは誰にでも注がれている」ということを教えたのです。

ギ神父とは、その少し前に知り合っていました。私の場合、重要な出会いは、いつも運転手の仕事をきっかけに生まれます。ギ神父は、フリブールからベルシャスの

※22　Guy Gilbert（1935－　）フランス出身の司祭、作家、教育者。

のです。しかし、例によって私は、ギ・ジルベール神父という人の顔も名前も知りませんでした。その上、刑務所へ行くということに少なからず恐怖を感じていたのです。

ギ神父は、受刑者らを前に講演を行うことになっていました。彼は、私をその場に立ち合わせることにしました。私は犯罪者たちと対面するのが恐ろしく、ドキドキしていました。会場に入ってみると、コカコーラ1瓶とタバコ1本が、受刑者たちの席に準備されていました。彼らが入ってきて、席に着きました。

ギ神父は、だしぬけに立ち上がり、大きな声でこう叫びました。「要するに、ここにいるのは、バカ者の集団だな！」。

私は唖然《あぜん》として彼を見つめました。受刑者たちが次々に立ち上がり、今にも襲ってきそうな雰囲気です。『これは大変なことになった』と思いました。すると間髪を入れず、神父は再び立って、私を指差しながらさらに大きな声でこう言ったのです。「しかし、この中で一番のバカ者はこいつだ」。リーダーと思しき一人が、その場の動きを抑え、全員が席に着き直しました。私は驚きのあまり身動きできませんでした。その時の私には分かりませんでしたが、これでギ・ジルベールという車のエンジンに火が点いたのです。すべてが計算された発言で、偶然の言動ではありませんでした。

実際、講演中のギ・ジルベールは偉大な役者であり、優れた即興劇でもするように主役を演じるのです。彼をよく観察していると、言動や行動が単なる思いつきではなく、全てが計算し尽くされたものであることが分かります。彼のパフォーマンスはまさしく戯曲作品であり、詳細まで演出が行き届いていました。彼は、完璧な役者です。どんなことも頭に入れており、その上で主役を演じます。人々は、彼の言葉に吸い寄せられ、あたかもイエス・キリストが目の前にいるような錯覚を抱くのです。

その日の講演も、嵐のような拍手で終了しました。彼の本を買った受刑者も多かったようです。会場を出るとき、私に近づき肩をポンポンと叩いて励ましてくれる人もいました。「これを投函してほしい」と、手紙を私に託す人もいました。その時になって初めて、彼らが私を〝パリの刑務所から出所したばかりの元囚人〟と思っていたことを知りました。刑務所の所長を安心させるため、ギ神父は私の受け取った手紙を開け、中を確認することにしました。目に飛び込んできたのは、忘れもしない次のような言葉でした。

「母さん、辛い思いをさせたね。あいつを殺したのは俺だ。俺が殺した。この俺が殺したんだ。だけど、こんな俺を、ゆるしてほしい」

この男は殺人を犯して獄中にあり、母親にゆるしを求めていたのです。私は、胃袋が痛くなりました。この最初の出会いで、私とギ神父の距離がぐっと近づきました。私は、自分が死を迎えるその時まで彼とつながっていて、彼を常に必要とするだろうと感じています。彼もまた、同じように感じてくれていると思います。ともかくも、この日以来、ギ神父とは定期的に会うことになりました。プレア・テモイナーに度々招き、後に「ギ・ジルベール神父を支援する会」のスイス支部を立ち上げることになります。私たちは、プレア・テモイナーの活動のために大きな寄付をもらっていましたが、どのように使ったらよいか分かりませんでした。それで、寄付金をギ神父に送り、ベルジュリー・ド・フォコン[※23]の活動に役立ててもらうことにしました。ギ神父は、まったくもって前例のない人物で、重度の障害者のためにも精力的に活動していました。

彼の講演の手伝いをすると、社会から見放された人々に対する彼の忍耐強さと臨機応変の才にいつも驚かされました。

ある講演で、一人の若者が、ギ神父に暴言を吐いていたことがありました。若者は、一瞬たりとも挑発の手を休めず、一つ終わるとまた次の野次を飛ばしていました。聞くに堪えない暴言でした。30秒ごとにギ神父の話は中断しました。神父は、若者の心の傷の深さを感じ、何か大きなことがあって傷口がまだ塞がっていないことを即座に理解しました。それで、落ち着いて彼の暴言一つひとつに対応したのです。それは、並外れた忍耐を必要とすることでした。そして、他の会衆をないがしろにすることなく、彼の心に近づいて行きました。誰一人として、見放すことはありませんでした。若者を無視することなく、しかも全体への話の脈絡を失うこともありませんでした。これこそが、ギ神父でした。こうして彼は、攻撃的になるしか自分を表現できない若者の苦しみを受け止めたのです。私は、その手腕に感嘆しました。私が彼の立場だったら、感情を抑え切れず、若者に会場から出て行ってもらったはずです。

ギ神父を知れば知るほど『大らかながら繊細な彼自身もまた、かつて心に傷を受けた経験があるのではないか』と感じるようになりました。『だからこそ彼は、苦しんでいる人たちを理解することができる』『心の貧しい人に手を差し伸べてくれるのではないか』――　普通の人なら、そうは思わないかもしれません。しかし、私は彼の心と近い人間であることを感じるのです。

彼と関わった数年の間で「状況に決定的な影響を与えるのは、言葉の力である」という事実を教えられました。そして「むしろ辛らつな言葉の方が、不思議と崩れた関係を修復するのに役立つものだ」ということも学びました。

今の私は、ギ神父と初めて出会って話を聞いた頃の私と同じではありません。私は、心底彼の影響を受けました。私がギ神父に惹《ひ》かれるのは、彼が「新しい教会」を象徴する司祭だからです。新しい教会には、司祭服《ローマンカラー》を身に纏《まと》った伝統的な司祭もいれば、開かれた時代や新しい息吹を告げる司祭もいます。ギ神父の中に私は「無限の可能性」を感じるのです。彼の本はすべて読みました。彼の本には希望が溢れています。彼の本の中には、私を立ち直らせてくれた言葉がいくつもあります。それらは、胸の中に残り、心を揺すり、いつも私を支えてくれています。私がいちばん好きなのは、次の言葉です。「自分自身を見つめ『神が存在しないなどとはあり得ない』と考えられるような生き方をしなさい」。

※23　社会復帰しようとする若者を支援する団体。フランスのアルプ＝ド＝オート＝プロヴァンス県にある農場内で動物の世話をする仕事に従事させている。

プレア・テモイナーの集会でジャン・ヴァニエ氏（中央）と著者
（撮影／ジャン・クロード・ガドマー）

[※24]ジャン・ヴァニエのことについても話しましょう。彼は、信仰の証しをするためにやって来ました。彼との最初の出会いを、私は忘れることができません。初めて挨拶を交わした時、すでに『この人は聖人だ』と感じました。当時私はうつ病に苦しんでいました。しかし、ひとたび彼の胸に抱かれると、すべてを忘れることができたのです。すべてが、どこかへ消えてなくなってしまった感じでした。何も言わずに黙って私を受け入れてくれた、教皇ヨハネ・パウロ2世が思い出されました。彼の優しい眼差しは、私の悲しみを癒《いや》してくれました。彼

のおかげで私とヴァレリーは、アン・レアという名の障害のある子を、養子として5番目の子に迎えることができたのです。

プレア・テモイナーの代表を務めていた数年の間、私は〝歩く広告塔〟で、あらゆる所から招きを受けました。フランスの司教たちには、信じられないほどたくさんの宣伝をさせられました。彼らの胸には、私たちのようなふつうの信徒でも〈「ベーブ・ド・ヴィ共同体」「フォコラーレ運動」「聖エジディオ共同体」「アカト運動」「ＡＴＤ第４世界運動」「ラルシュ」などの信仰共同体を組織することができる〉ということが刻まれたと思います。

私たちは、このような共同体を紹介するための集会を開きました。ある司教は、あまりに多くの参加者がやって来たことに驚き、司教杖《バクルス》で地面を叩きながらこう叫んでいました。「カトリック教会万歳、カトリック教会万歳！」。私は、このような現実離れした体験をすることで、自分に足りなかった自信と社会性を得ることができました。

プレア・テモイナーは安定した組織だったので、心置きなく働くことができました。金銭面での心配もありませんでした。そちらの分野に通じている人たちが、私の周りにたくさんいたからです。代表としての仕事に専念できたのは、アンドレ・メヌーのおかげです。ジョルジュとヴァ

※24　Jean Vanier（1928－　）スイス出身、カナダ系フランス人のカトリック哲学者。日本でも活動している知的障害者と健常者との共同体ラルシュ（L’Arche）や、信仰と光（Foi et Lumière）の創設者として知られる。

レリーも巻き込んでしまいました。

プレア・テモイナーは、アインジーデルン大修道院に次ぐ、もう一つの〝私の家族〟でした。代表となって仕事ができたことを誇りに思えるほどの、すばらしい共同体でした。得難い経験をさせてもらうことができました。

少し変わった出会いもありました。ある集会の折、支援を申し出た人物を迎えるため、私は駅に向かわなければなりませんでした。ところが、それを完全に忘れてしまっていたのです。その人は、夜中の12時までたった一人、駅に放って置かれたのです。待てども暮らせども私が来なかったので、一晩泊めてもらえる教会施設を探しました。フリブールなら、そのような施設がいくらでもあります。彼はカプチン会の施設に行き、宿を貸してもらったようです。翌日、彼が来ているのを見て、ようやく私は約束していたことを思い出しました。彼の名はジャックといいました。彼に謝って言いました。「君を迎えに行くのを忘れてしまった」。すると彼は、にこやかにこう言いました。「気にするな。カプチン会にお世話になったよ。プレア・テモイナーのグループで働くために来たと彼らに説明したんだ」。私は彼を見つめました。

『働きに来たって？　……ここでいったい何をするつもりなのだろう？』

私は彼に、会計係としてお金の振り分けを手伝ってもらうことにしました。その場にはギ・ジルベール神父もいました。彼は、私たちの話を聞き、こう言ってきました。「冗談でも言っているのか？　彼の顔をよく見たかい？　少なくとも、お金のあるところに彼を一人にしてはまずいよ。いずれにしても、それはやめた方がいい。きっと、何かあるはずだよ」。さすがはギ神父でした。

しかしジャックのことを考えている余裕はなく、そのまま会計の仕事をさせてしまったのです。

夜になると、いよいよ心配になってきました。会計担当者も「夜の間どうやってお金を守ればいいのだろうか」と悩んでいます。私はジャックに「金庫室の隣の部屋で、寝袋を使って寝てください」と言い残して家に帰りました。次の朝、早起きして会場に行ってみると、彼はまだ金庫室の隣で寝ているところでした。その夜、彼はジュネーブに帰って行きました。

翌日、ジュネーブにある「ル・カレ」という慈善団体の責任者を名乗る人物から電話がありました。「ホームレスの支援をしている団体」とのことで、どうやらジャックは、一時的にそこへ身を寄せていたらしいのです。彼は「週末にフリブールのプレア・テモイナーの催しに行き、お金の仕分けの仕事を任された」と話していたのだそうです。

ところが、誰も彼の話を信じる人はいませんでした。「どうせ嘘に決まっている」と思われてしまったのです。その責任者は、ジャックの話が本当なのか嘘なのか確かめたくて私に連絡をしてきたのです。私は「ジャックの話は本当です」と言いました。彼が耳を疑っている様子が、電話越しにも伝わってきました。彼によれば、ジャックは窃盗と横領で有罪の判決を受け、少し前に刑務所を出たばかりだったのです。――

私はこの話をあちこちでします。人は〈他人から信じてもらえること〉で救われるのです。ジャックは「自分はもう泥棒ではない」ということを、身をもって証明したのでした。その後彼は、社会復帰プログラムを始め、真っ当な仕事に戻ることができました。心ならずも、私は彼に〈可能性を与える〉というリスクを選び、図らずもそれが彼を救ったことになります。同じような若者に出会うと、今でもこの時のことを思い出します。

１９９１年、第2回のプレア・テモイナー大会には、２０００人が集まりました[※25]。選ばれたテーマは「共生―自ら出会うこと」。私たちは、カイロのシスター・エマニュエルを招き、彼女を迎える喜びに湧きました。シスターは精力的《エネルギッシュ》、かつ大変個性的な人でした。静まり返った会場で自分の取り組みを証ししているうちに、突然このように叫びました。「カイロのバラック街に来たい人はいますか?」。私たち聴衆はほとんど反射的に、全員が手を挙げました。するとと彼女はこう続けました。「ここフリブールに留まりなさい。周りをよく見るのです。みなさんの近くには、死の床にある人はいませんか? 自殺を考えている人もいるはずです」。私たちは言葉を失いました。私にとって、これまでの人生の中で最も強く心を打たれた瞬間でした。まさに、生きた教えです。

それだけではありません。シスター・エマニュエルは、お金の集め方もよく知っていました。シスターは、10万フランの寄付金を手にしましたが、その中の一銭たりともフリブールには残しませんでした。私は、心の中で言っていました。『どうやってお金を見つけてくるのだろうか?』。私たちは、以前大きな額の支援金を募ったことがありました。しかし、たくさんの人が寄付してくれたにも関わらず、集まったお金は1万フラン程度でした。シスター・エマニュエルは、お金を求めてやまず、この時も「10万フランが必要だ」ということをずっと言い続けていました。そして、ついに奇蹟が起こりました。まさに、彼女が望んでいたとおりになったのです。日曜の夜、一人の男性が私を訪ねてやって来ました。そして、封筒を差し出して言いました。「これをシスター・エマニュエルにお願いします」。彼は匿名を希望しました。生来好奇心の旺盛な私は、封筒を開けないでおくことができませんでした。中には、何と10万フランの小切手が入っていました。私は、シスター・エマニュエルの部屋へ飛んで行きました。「あなたに10万フランです」。彼女は「知っていますとも」と低く言うなり、私の手から封筒を奪い取りました。私は努めて表情を変えずに彼女に言いました。「あなたは、望むものを手に入れました。私たちに10フランでも分けてはもらえないでしょうか」。しかし彼女は、いたずらっぽく笑うだけでした。これ以上何を言ったところで、分け前に与《あずか》れないことは明らかでした。それ以来、私は彼女の真似をするようになりました。それはとても効果的で、度々巨額な寄付金を集めることができるようになったのです。これこそ「神の摂理」だと思います。他に説明のしようがありません。

シスター・エマニュエルの講演から少したった頃、司教から電話がありました。「プレア・テモイナー代表の肩書で、余命幾ばくもないある女性を訪ねてほしい」という依頼でした。私は、ジョルジュとともに彼女の家を訪れました。

彼女はベッドに臥《ふ》しており、枕元には公証人と医者がいました。女性は、自分の死が近いことを悟っていて、事業を整理しようとしていました。大変なお金持ちでした。彼女は私たちにこう

※25　Sr. Emmanuelle, N.D.S.（1908 – 2008）ブリュッセル生まれの修道女。カイロのスラム街での貧困層の人々への奉仕でつとに有名。

言いました。

「私は、フリブールの役所に、誰かを私のところへ送ってくれるよう頼みました。でも、誰も来てくれませんでした。私は、プレア・テモイナーのメンバーですので、私の持っているお金を慈善事業のために寄付したいのです。ぜひ、ご助言をお願いしたいのです」。とてつもない金額でした。しかし彼女としては、フリブールの機関には預けたくないというのです。外国の機関に寄付をしたいということでした。私は反射的にこう言っていました。

「それならば、マザー・テレサかカイロのシスター・エマニュエルはどうでしょうか?」。彼女は、マザー・テレサを選び、私にその仲介を依頼してきました。私はすぐにマザー・テレサの会と連絡を取り〈6億スイスフランを寄付したいという女性がいること〉を知らせました。天文学的な金額です。

婦人は、その週亡くなりました。公証人に呼ばれ、私が署名をしてマザー・テレサに6億スイスフランを送金しました。しかしその小切手が、英語で書かれた手紙を添えられて返ってきたのです。そこにはマザー・テレサのサインがありました。簡単に言えばこのような内容でした。

「ここ、コルカタでは、人々は尊厳を取り戻して亡くなってゆきます。そちらでは、自殺する人が多いと聞きます。そのような人たちのためにお金を使ってください」

何ということでしょう! あの金額を断ってくるとは! 私たちは公証人と相談し、お金をシスター・エマニュエルに送ることに決めました。私は彼女のことをよく知っています。マザーと同じように断ってくることはないと思ったのです。案の定、そうなりました。お金が到着するとすぐ、シスターは私に電話をしてきました。
「お金を受け取りました。だけど、変ね。0《ゼロ》が一つ足りないのか、大した額じゃないわ。あなた、いくらか取らなかった？」

シスター・エマニュエルは並の人ではありません。完全に、規格外れの人物でした。

その年、スイス・ロマンドの幾つかの小教区の共同体の参加によって、盛大な集会が開かれました。日曜日のミサは、これからそれぞれの地方で福音を伝えようとする若者たちにとって、まことにふさわしい場となりました。その後も、私たちを満足させる大きな出来事が続きました。私たちの会は常に賞賛され、よく知られるようになっていました。「福音宣教」という目的が、理想的な形で達成されつつあるのを目の当たりにして、皆とても満足でした。

私は『スイス・ロマンドの修道院生活を本にする』という希望をもっていました。しかし、経済的なリスクを承知で本を出してくれる出版社が見つかりませんでした。どこへ持ち掛けても「興味ある内容だが、大衆はあまり興味を示さないだろう」と二の足を踏まれました。しかし、私の意見はプレア・テモイナーの委員会で検討され始め、本腰を入れて取り組んでみようということになったのです。本の題名は『修道院での出会い』に決まりました。フリブールのメグロージュ修道院の院長のシスターが、高名なスイス人作家、ジョルジュ・アルダ[※26]に連絡を取り序文を書いてもらうことをアドバイスしてくれました。私は、ジュネーブで開かれている「本の見本市」に

※26　Georges Haldas（1917 – 2010）ジュネーブ出身の詩人、作家、翻訳家。

行くことにしました。「その場でアルダの自著本にサインしてもらい、本の件を切り出す」という作戦です。事前に何冊か彼の本に目を通しましたが、どれもが難解でした。

私は見本市の会場で、なるべく自然に彼に近づき、こう言いました。「こんにちは。あなたの本を読みました。しかし、内容が複雑で――」。ジョルジュ・アルダは私に最後まで話させず、乱暴にこう言ってきました。「ああ、ここにもバカな奴がいたか！」。しかし、私が自分の愚かさを詫びると「何か飲みに行こう」と誘ってくれました。

私たちは、一緒に会場のブースを出て、カフェの小さなテーブルに着きました。そこで私は、彼に本の計画を話しました。すると彼は「とてもよいアイデアだ」と言い、序文を書くことを了承してくれました。本は1万2千部が売れました。スイス・ロマンドで出した本としては、成功の部類だったようです。

2年後、私たちは、新たな計画を立てます。『天国へ』というタイトルの聖歌のアルバムを作って、頒布することにしたのです。このアルバムは、ヴァレー州レーヴ・ド・ローヌにある「若い薬物中毒者のための支援センター」のコーラスグループによって録音されました。2万5千枚が売れ、その年のゴールドディスク賞を受賞しました。

これだけの成功の後には、何があるのでしょうか？　もちろん私は、これまでどおり、無報酬でやっていくことにしました。お金は要りません。入ってきたお金はいつも、それを必要とする人たちに分け与えていました。

ジョルジュ・アルダとの出会いは、さらなる実りをもたらします。1年後、彼をプレア・テモイナーの講演会に招きました。彼は控え目で、派手な場面に出ることを好まない人でしたが、信仰の証しをしに来てくれました。その時彼は80歳で、歩行がやや不自由でした。大きな葉巻をくわえて、会場となった大学のホールに登場すると、やっとのことで椅子に座り、そのまま動かなくなりました。

禿げ上がった頭に、牛乳瓶の底のような眼鏡をかけて、まるで異星人がその場に降り立ったかのように見えました。ホールは満席で、聴衆のほとんどが若い人たちでした。彼らは「いったいあの人は何者なのか？」と囁き合っていました。数分が過ぎると、彼は葉巻を口から離し、まだ火がついたままのそれをポケットに突っ込みました。それを見た聴衆は思わず吹き出しました。彼を〝間抜けなお年寄り〟と思ったはずです。

しかし次の瞬間、アルダは間髪入れず立ち上がると、こう叫びました。

「お前たちは、全員、豚だ！」

会場はシーンと静まり返りました。ここから彼の話が始まりました。人の起こり、生命の起源について、原稿も何もなくきっかり1時間の講演でした。それ以上は1分たりとも喋《しゃべ》ろうとしませんでした。私たちは驚き、言葉を失いました。彼の中に、深い信仰があることが分かりました。私は大きく心を揺すぶられました。『彼の言葉をすべて残さなければならない』と思いました。人は、心の奥底まで養われる必要があります。彼は、言葉がどのように人の苦しみを和らげ、心を養うかを知っていたのです。

講演後、数日たってから、口述筆記者の友人を伴い、夜分にアルダの家を訪ね「今回の講演を、どうしても本に残したいのです」と申し出ました。すると彼は「ダニエル、君はどうしていつもそう〝愚か〟なんだい？」と冷ややかに言って、返事をする代わりにワインをグラスに注ぎ、私に手渡しました。口述筆記者が、いくつかアイデアを出しました。私は「キリストとその愛の教えを、人々にもっと理解させたいのです」と訴えました。しかし、無駄でした。私たちは、夜更けにジョルジュ・アルダのもとを去りました。

ところが彼は、その翌日までに、なんと1冊の本が出せる量の原稿を書き上げていたのです。その原稿は『三つの砂漠』というタイトルが付けられ、良質の紙を使った小ぶりで美しい本に仕上がりました。近代世界を性格づける三つの砂漠について、彼の自説が展開されていました。三つの砂漠とは「砂の砂漠」「社会の砂漠」そして「心の内面の砂漠」です。本はとてもよく売れました。こうしてジョルジュ・アルダは、私の人生における師の一人となりました。私は彼にしっかりとつながり、その後、長きにわたって、彼の言葉は私に生きる勇気を与えてくれたのです。

ジョルジュ・アルダとは、聖書をテーマにした物語のシリーズも作りました。そのアイデアは、私の個人的な経験から生まれました。私は、17歳の時にエルサレム聖書を手に入れています。しかし、聖書のテキストを理解するには困難が伴いました。アインジーデルンでは、初めそれを自室の本棚にしまい込んでいましたが、しばらくたって再び引っ張り出しました。聖書について話をしてくれる修道士と出会ったのです。

彼は、私に、ヨナやダビデ、モーセの話をしてくれました。彼の巧みな語り口によって、これらの物語は生き生きとしたものになりました。その修道士は『聖書を読みたい』という気持ちを引き起こさせるためには、最初に物語のあらすじを詳しく話し、イメージを豊かにさせておくのが効果的であることを知っていました。

このような経験から、〈聖書の人物たちの素晴らしさを多くの人々と共有し、私たち一人ひとりの中に、みことばを響かせたい〉と思うようになりました。そう思うと、聖書を読むことが喜びとなりました。

もし誰かが――私にあの修道士がしてくれたように――聖書と読者との仲介者になってくれたなら、聖書はもっと身近なものになるはずです。とりわけ新約聖書は、キリストと実際に出会った人たちの体験をもとに書かれたものです。私の基本的な考えは〈現代の作家の力によって、人々に聖書の人物たちとの出会いを体験させる〉ということです。

この計画を話すと、たくさんの人が賛同してくれました。それで、すぐ実行に移すことにしたのです。しかし、このようなことには指針が必要です。私たちは〈作家に、これぞと思う聖書の人物を選んで書いてもらう。それによって読者に『聖書の原文を読んでみたい』という気持ちを起こさせる〉ということを、編集にあたっての基本方針としました。それには「作家が、聖書の人物をどのように見ているか」という説明が必要でした。また、彼らの書いたものが、日々の現実の生活に「根を下ろしたもの」である必要もありました。

ジョルジュ・アルダは『マグダラのマリア』を書いて、このシリーズの最初の作家となりました。

最初の本が出るまでに、既に続く2冊の準備ができていました。映画評論家でもあるギ[※27]・トーマ神父の『使途トマス』と、フリブール大学教授[※28]ジャン・ミシェル・ポフ神父の『タルソのパオロ』がそれでした。

今、私は、私を会の代表の座に導いてくれたマミ司教に感謝の気持ちでいっぱいです。「信頼して選んでくれた」ということが、私の力の源でした。正直、初めはあまり気乗りしませんでしたが、司教が奮い立たせてくれたのです。お礼を言うことができたのは、司教が帰天するほんの少し前のことでした。司教もまた、私に感謝の気持ちを伝えてくれました。最後の最後に心を通わせ合うことができて、私は深く心が動かされました。

ある日、私は『プレア・テモイナーの仕事から、そろそろ身を引くべき時が来た』ということを悟りました。すでに、ヴァレリーも目一杯でした。私は、彼女の人の良さと忍耐強さに頼り切っていました。私自身、会の仕事で精も根も使い果たしたことを感じていました。

私は、協会の前代表の息子を訪ね、彼の父親が私にしたのと同じことをしました。つまり、両脇に会のすべての出版物を抱えて彼の家に行き、それらをテーブルの上に置いてこう言ったのです。「私には分かります。あなたが、プレア・テモイナーの代表を継ぐ人なのです」。彼は断りましたが、私はこう畳みかけました。「あなたが代表なのです」。そして、その場を去りました。あれから15年たって、彼はまだプレア・テモイナーの代表を続けてくれています。

自分の決めたことに後悔はありませんでした。というより、私は〝後悔する〟ということがどのような感情なのか分からないのです。世の中が進化し、協会組織が大きくなるにつれ、私はストレスを感じるようになっていました。落ち着いた気分を維持することが難しくなっていました。『自分のせいで協会がつぶれてしまったらどうしよう……』という不安と常に隣り合わせでした。しかし、プレア・テモイナーは、今でも大きな活動をしています。それこそが、私の関わった結果だと思っています。

※27　Guy-Thomas Bedouelle, O.P.（1940 – 2012）フランスの司祭、哲学者。
※28　Jean-Michel Poffet, O.P.（1944 –　）フリブール州出身の司祭。

告発

1989年の復活祭、2人の伝道師《カテキスタ》がフリブール州を訪れ、カプチン会修道院の院長に面会を求めました。ジョエル・アラス神父について、疑惑が生じていたためです。

修道院長は、2人をアラス神父に引き合わせました。しかし神父は質問をはぐらかし、終始「自分は関係ない」という態度を取りました。司教は「何もなかった」と結論づけ、2人を帰しました。こうして、第1幕は終わりました。

それから少したって、私たちはフリブールのプレア・テモイナーで、聖職者の性犯罪を訴える会見を企画しました。2人の伝道師《カテキスタ》も同席しました。私がティボー少年と関わるようになったのは、この時からでした。目の前にいるその子は、状態があまり良くありませんでした。まるで鏡を前にして昔の自分を見ているようでした。彼の中に、私の姿があったのです。私が子供の頃からずっと味わってきたのと同じ苦しみを彼が抱いていることが、明らかに読み取れました。私は本能的に、かつて大叔母が私にしたのと同じ質問を彼にしてみました。彼は、ためらうことなく正直に答えてくれました。

驚くべきことに、彼は私と同じ人物から性暴力を受けていたのです。私は、頭にカッと血が上りました。あれから20年たっても、ジョエル・アラス神父は性懲りもなく悪事を働いていたのです。

1989年4月14日、私は、当時ローザンヌ・ジュネーブ・フリブール教区の教区裁判所の責任者を務めていたパリセ師と会いました。彼は私の話を聞き終えると「あなたを信じます」と言って、私が話したことを驚くほど簡単に信じてくれました。わずかな疑問すら挟みませんでした。

しかしパリセ師は「神父を召喚して事情聴取をするには、証拠を集める必要があります」と言いました。私は、証拠を集めそれを提出することを約束して、その場を辞しました。

頭が急速に回転を始め、記憶が戻り、あの忌《い》まわしい情景が蘇《よみがえ》ってきました。証拠ならいくらでもあります！　ジョエル・アラス神父の体には特徴がありました。私は、教区裁判所に引き返しました。

神父は召喚され、長時間にわたる聞き取りの後、私の訴えが正しいかどうか答えるよう強く迫られました。示された証拠の数々を前にして、ジョエル・アラス神父はついに罪の告白を余儀なくされ、私にしたことを打ち明けたのです。彼は、私が「唯一の犠牲者だった」と述べました。

カプチン会修道院長は、事実確認のため私を呼びました。彼は、仲間であるジョエル・アラス神父の犯罪を知っていかに驚いているかを話しました。神父はもう何年間も「活動報告書」を出していないとのことでした。パリセ師は、神父が配置転換になるだろうこと、そして二度と同じ罪を犯さないために、全ての「聖職者としての権限」を取り上げられるだろうことを、私に告げました。そして、「すぐにも神父には精神科で治療を受けさせる」と付け加えました。

幼いティボーとの出会いは、忘れていた記憶を呼び覚まし、私に『話さなければならない』という気持ちを起こさせました。私は、ギ・ジベールにもアラス神父との件を打ち明けました。彼は１９９２年11月、私に宛てて手紙を送ってくれました。

「君が、私に打ち明けてくれたことの意味をよく考えた。踏みにじられてしまった君の純粋な心のために、その神父がどこにいようとも、恐れずに追いかけ、告発しなさい。君は当事者です。だから、必要な闘いはしなければならない。君のためにいつも祈っている」

尊敬する司祭からの言葉は、大きな心の支えになりました。彼の言葉によって、問題に立ち向かおうとする勇気が湧いてきました。ティボーの苦しみの発見は、私の心を開かせ、行動を駆り立てました。私が望もうが望むまいが、事は動き始めたのです。私はパリセ師を信用していました。間髪入れず、ジョエル・アラス神父が害を及ぼさないような状態に置くということを信じていたのです。

2000年になって、あるジャーナリストの友人が、私に接触してきました。彼は、児童性愛者の司祭について記事を書こうとしていました。「一部の聖職者に関して、そのような噂が流れている」とのことでした。教会の活動に熱心で人脈も豊富な私なら、司祭から性暴力を受けた人の情報をもっているのではないか、と考えたようです。私は彼に「知らない」と返事をしました。彼は調べておいてくれるよう頼み、帰って行きました。しかし、後日、彼が再びやって来た時、私は半ば無意識にこう言っていました。「誰も見つけられなかった。だが、どうしても必要ならば、この僕が証人になろう」。この告白は、かなり衝撃的であったようです。私にまさかそのような過去があったとは、夢想だにしなかったでしょう。私が性暴力の被害者だったとは、にわかには信じ難いことだったはずです。なにしろ私は『修道院での出会い』というタイトルの本を出したばかりでした。それは希望に溢《あふ》れる内容で、教会への憎しみなどこれっぽっちも感じさせないものだったのです。

こうして私は、匿名ではありましたが、自分の身の上に起きた出来事について、初めて公にすることを決心しました。しかし、実際には、記事には「被害者はフリブール大聖堂の侍者だった」と記されているので、匿名とはいっても、それは形ばかりのものでした。当時、大聖堂で侍者を務める少年は数人いたに過ぎず、あの頃の状況を知っている人なら、すぐに私のことだと気づくはずでした。

記事が出るや否や、私宛にたくさんの電話が掛かってきました。厳格なフリブールの澄み切った空に、突然、爆弾が破裂したようなものです。証言しているのが誰かというだけでなく、加害者である司祭の名を人々が知りたがったのは当然のことでした。カテドラルに関係する司祭は多数いました。私は聖堂参事会長に、記事に登場した証人が自分であることを伝え、児童性愛者の神父の名を明かしました。

この私の最初の通告は、事件の舞台となったこの町では、しばらくの間ほとんど認めてもらえませんでした。フリブールは、それほど閉鎖的な土地柄だったのです。しかしともあれ、突破口は開かれました。沈黙の中から初めて真実が明かされたことで、エンジンが回転し始めたのです。

その2年後、事件を知るもう一人の友人ジャーナリストから電話がありました。彼はとても急いでいる様子で「至急、君に会いたい」と言い、私の家にやって来ました。そして、唐突に切り出しました。「ちょっとした記事を書くんだが、コンピューターはあるかい?」。「ない」と答えると、彼は自分のラップトップを取り出しました。

「いいかい、ダニエル。よく聞いてくれ。グーグルのサイトに行って〝ジョエル・アラス〟で検索する。何が出てくると思う？」

覗き込むと、そこにはこう記されていました。「グルノーブル教区の司祭。７つの小教区の主任司祭」。私はうろたえました。さすがはジャーナリストです。彼の仕事は〝発掘してくること〟でした。そして、それが問題のあることだと即座に理解したわけです。私はすぐ教区裁判所に電話をし、説明を求めました。「いったいどうして、ジョエル・アラス神父がグルノーブルにいられるのですか」。パリセ師は「分からない。しかし、すべきことはすべてした」と断言しました。「カプチン会にすべての情報を伝えた」とはっきりしたものでした。だから、事は実情に応じて進んでいると考えている、と言いたげなパリセ師の口ぶりです。

これ以上彼を追及しても無駄だと思いました。それで私は、よく知っている司教総代理のもとへ駆け込みました。「書庫を探してください。私のファイルがあるはずです」。ファイルはすぐに見つかりました。しかし、中身は空っぽでした。私に関する書類は、別なファイルの中に突っ込まれていました。いずれにせよ、それらは重要なものではなく、パリセ司教が、私を暴行した司祭に対して、何ら措置を取らずに放置していたことは明らかでした。

児童性愛のスキャンダルが公になると、教区の司教が別の人物に代わりました。新しい司教は、ベルナール・ジュヌーでした。私とヴァレリーを結婚にまで導いてくれた司祭です。私のことをよく知っていました。彼は、私の話すことに全く疑いを抱かず、強い味方となってくれました。

彼と、司教総代理であるレミ・ベルティエ師には、感謝し切れないほどの恩を感じます。2人は事件に関して、精一杯の対応をしてくれたのです。

ジュヌー司教が事件に関わろうと決めた頃、教会組織の中枢には津波が押し寄せていて、その波の合間から、多くの児童性愛者が顔をのぞかせていました。

そうした流れと並行するように、水面下では新聞や雑誌社による取材と調査が進められていました。重かった関係者たちの口も、ようやく開き始めました。スイス放送が「タン・プレザン」という番組で、この問題に本格的に取り組むようになったからです。

2002年9月、事態は急展開の様相を見せます。ジャーナリストたちは、証人を探していました。彼らは既に、222人の被害者から聞き取りを終えていました。その中から3人を選び、さらに「被害に遭いながらも信仰を失わず、教会を信じている」私にインタビューが試みられることになりました。信仰を失わないというのは、奇跡的なことです。ジャーナリストたちは、証人を探している中で、私が「信仰を失っていない」と語った2年前の記事を見つけていました。彼らはその記事を取材した記者に連絡し、私の名前を知ろうとしました。しかし、記者はそれを一度拒否し、私に連絡をしてきました。私は、番組のことを司教に伝えました。彼に「どう思われますか」と尋ねると、答は「信仰を失っていない君だからこそ、証言すべきだ」というものでした。私は言い返しました。「それならば私と一緒に放送局に行って証言してください。あなたと一緒でなければ、証言できません」。司教は、この提案を受け入れてくれました。

ジャーナリストたちは、大変丁寧で素晴らしい仕事をしました。私の話したことについて、すべて裏付けを取っていったのです。番組の出来栄えは、実に素晴らしいものでした。終わりに、ジャーナリストたちは私にこう尋ねました。「ダニエル、今の君はどのような君なのだろうか?」。私は迷わず答えました。「自立した一人の成人です!」。これが放送を締めくくる最後の言葉となりましたが、それはまた、私を完全に打ちのめし、押しつぶす出来事の始まりでもありました。

この証言の後、私と口を利かなくなった司祭も少なくありません。裏切られたと思ったのでしょう。私は、彼らに拒否をされたことで、とても居心地が悪くなりました。子供の頃に味わった地獄について話したことで〝裏切り者〟呼ばわりされるとは……私を暴行した神父と親交があっても、彼の光の部分しか知らない人にとっては、私は「嘘つき」ということになります。その頃、私が証人だということを知らない人たちが話しているのを耳にしたことがあります。彼らは、憎しみを込めて叫んでいました。「ジョエルのことをあんな風に言うなんて、とんでもないやつだ!」。

その怒りは、ある意味理解できることです。皆から愛され、尊敬され、信頼され、仕事もできる〝身近な人〟が、実はとんでもない児童性愛者で、相当な数の人の人生を台無しにしてきたということを、簡単には信じられないと思います。ある晩、ラジオで「タン・プレザンの放送を見てから自殺を考えるようになった」という人の証言を聞きました。実に恐ろしいことでした。その人もまた、邪悪な児童性愛の犠牲者だったのです。このような話を聞くにつけ、私の心の奥底に深い悲しみが湧いてくるのを感じました。これほどの試練を、誰かの助けがない限り、乗り越えることは不可能だと思いました。私もまた、自殺を考えるようになっていたのです。すぐにかかりつけの精神科医に連絡をし、再び治療を開始しました。治療は、その後何ヵ月も続くことになります。

ティボー少年の真実を発見してから、13年が過ぎていました。あの頃に比べると、私は精神的にずっと強くなっていました。主治医は、さらに回復に向かわせようとしていました。そのようなわけで私は、ある目的を達成することを、自ら決定したのです。それは、私と他の犠牲者たちのために、アラス神父に罪を償ってもらうことです。

２００２年の10月初旬、ジェヌー司教がジョエル・アラス神父と話す機会をもちました。そこで神父は、ここ13年の間、もはや罪を犯していないと断言しました。精神科で短期間の治療を受けているということでした。しかし、実際は、後に明らかになるように、その治療は彼の病状を考えても軽過ぎるものでした。レミ・ベルティエ師は、現地の司教と共に問題の解決を図るため、早速、グルノーブルに向かいました。私は「タン・プレザン」の録画テープをグルノーブルの教区裁判所へ送り、司教には手紙を書きました。その中で私は、番組によって明らかになった証言について説明しました。ある母親は、今フランスにいるというジョエル・アラス神父の悪事を訴え、いずれ告訴されるだろうと予見していました。ジュヌー司教は、係る件について、教区裁判所長総代理であるジョゼフ・マニョン・プーホ師に質問状を出しました。プーホ師は私に、２００２

年12月4日付けで手紙を送り、具体的な質問でさまざまな情報を求めてきました。以下は、その一部です。

1　当該少年の名前と住所を教えてください。あるいは、母親でも構いません。
2　少年は、どのようにして司祭のフランスでの居場所を知ったのですか。
3　司祭に会うために少年がフランスへやって来た日はいつですか。スイスのどこで、いつ彼に出会っていたのですか。
4　何がその出会いのきっかけとなったのですか。……

この質問に目を通しながら、私は性暴力の犯罪者を訴えることの難しさを感じていました。数日後、正確を期すために次のように述べた回答を送りました。

——「現在、貴方の教区にいるジョエル・アラス神父について言えることは次の通りです。13年前、彼は全ての聖務を剥奪《はくだつ》され、しかるべき精神科医のところへ行っていたはずでした。したがって貴方は、神父がローザンヌ・ジュネーブ・フリブール教区裁判所から、正式に「児童性愛者」と見なされていることをご存知と思います。私の主治医によれば、彼は極めて悪質な児童性愛者ということです。神父は、病んでいます。これ以上罪を犯させないために、特別な環境に置かれるべきと考えます。

貴方がなすべきことをするためには、私の証言で十分足りると思います。……証言するためには、想像もつかないほどの大きな勇気が必要です。しかし、証言しようと思っている人たちを束縛してしまっているのは、教会なのです！　（おそらく証言してほしくないのでしょう。）私は今、犠牲者だという公式な承認を得るために、思いもよらない長い闘いを強いられています。あるいは、私が自分の教区内に留まり、そこから出ることができない方がよいのかもしれません。……今、この愛する教会に対して私が求めるのは、神父の罪を白日の下にさらし、子供たちに対して犯した罪の補償をする勇気です。今後の戒めとなる、正しい措置を講じていただきたいのです。4年の間、あの男が誰にも咎《とが》められることなく私を暴行し続けたという事実は、決して罪を免れるものではありません。……

私は『証言してもよい』と言う人たちをたくさん知っています。しかし、私が彼らの代わりに証言することはできません。もし、彼らが教会当局と接触したいと望むのであれば、手立てを講じますが、それをするのはあくまでも彼らの自由です。……しかし、私は彼らを、単に証言を聞きたいだけという人たちのさらし者にしたくはありません。30年来、自分自身を立て直す術《すべ》を探している私でさえ、目的地からはまだまだ遠いことを知っています。」——

次に、同年12月15日に、教区裁判所長総代理が私に送ってきた、手書きの手紙を紹介します。私は、当人たちの了承がなければ、証人の名を明かすことができないままでいることが、彼にとってはむしろ好都合であるということが分かりました。そうすれば、何もしないで済みますし、罪の意識を感じることもないのです。

——「……何年経っても癒されることがない、貴方の苦しみを理解します。過去のことを忘れ去ることはできないにしても、精神科医との治療によって、苦しみが少しでも和らぎ、今の人生を生きる勇気が得られることを願っています。

貴方は、本人の同意なしでは、貴方を信じて怒りと悲しみを伝えてきた少年の母親の名前と住所を私に明かせないと仰いました。全くもって正しい判断です。

つきましては、私に直接手紙を書いてくださるのがいちばん良いということを、彼女にご説明いただけることを切に願います。そのようにしていただければ、彼女と連絡を取り、お会いしに伺うこともできるはずです。ジョエル・アラス神父が来てから、グルノーブル教区内で起こったことについて、事実だという確証が何としても必要なのです。」――

まさしくこれです。これこそが、窮地を脱し、事件を先送りするための狡猾なやり方なのです。私たちは、当然秘密を守ります。しかし、それによって事件を「起こったかもしれない」という単なる疑いで終わらせてしまうことができてしまうのです。

2002年12月7日、カプチン会スイス管区の管区長、エフレム・ブシェ師[※29]が私の家を訪ねて来ました。彼は口頭で、いくつかのことを約束してくれました。「ジョエル・アラス神父は現在、厳重な監視下に置かれ、外出も禁じられています。私には、彼の様子や彼についての情報がいつでも伝えられるようになっています。犯したすべての罪について、あなたへの謝罪の手紙が追って届くはずです」。

管区長と会ったことが、私の決意の後押しとなりました。翌日、私は彼に損害賠償の請求を送り付けたのです。福音書の次の一節を読んで、損害賠償を要求する必要性を感じたのです。「しかし、私を信じるこれらの小さな者の一人をつまずかせる者は、大きな石臼を首に懸けられて、深い海に沈められる方がましである。」(マタイによる福音書18章6節)

私は、その〝小さな者〟の一人でした。信心深くて純真で、しかし司祭に暴行を受けた少年……夢も希望も打ち砕かれたその少年が、20年たって、無意識に記憶から追い払い隠し続けてきた記憶を呼び覚まされる少年との出会いがありました。

しかし、心理療法《セラピー》の効果によって家族に話すことができるようになるまでには、さらに6年が必要でした。私は、あらゆる困難、恐れ、不安の中で生きてきました。そして神の助け、妻の支え、親しい友たちが示してくれた理解ある態度のおかげで、どうにか死を免れたのです。そして私は、信仰を守ってきました。

パリセ師の判断の誤りによって、私を弄《もてあそ》んだ男は、配置替えとなっていました。再び罪を犯す機会を与えてしまったのです。私が被った性暴力は、公式に認められたわけではありません。支援の申し出もありませんでした。地元の教会もカプチン会のスイス管区も、私を「犠牲者」とは見なさなかったのです。

※29　Ephrem Bucher, O.F.M.cap.（1944－　）スイス出身の司祭。２００１－２００４年、２００７－２０１３年、カプチン会スイス管区の管区長を務めた。

当時の私は、自分の人生をもう一度やり直すためにも、教会から公式に言い分を認めてもらう必要がありました。私にできたのは、唯一、道徳的な過ちに対する損害賠償を請求することだけでした。そうすることで、自分が正しいことが認められ、真実が明らかになると考えたのです。

カプチン会に対して損害賠償を請求することに決め、エフレム・ブシェ神父にその旨を認《したた》めたのは2002年12月8日のことでした。教区裁判所の責任者、パリセ師が「ジョエル・アラス神父の司牧上の権限を剥奪した上で心理療法を受けさせる」と約束していたことを記しました。あの男が、配置転換になったことを偶然知った時の私の絶望感を伝え、その措置により彼が再び罪を犯す機会を与えてしまったという「決定的な誤り」を指摘しました。また、私をよく知っているにもかかわらず、私が真面目でお人よしであるのをよいことに、まともに取り合ってくれなかったフリブールのカプチン会士たちを非難しました。責任ある地元の教会からもカプチン会スイス管区からも、この問題に関する公式な謝罪の手紙を受け取っていないことで、私が精神的な打撃を受けていることも記しました。さらに、ジェヌー司教と私の間にある信頼関係や、私が自分を取り戻すために闘おうとしていることに対する司教の励ましについても述べました。もちろん、何より「ジョエル・アラス神父からの謝罪の手紙」を強く要求しました。

しかし管区長からは何の連絡もなく、2003年の4月に、私は再び損害賠償を請求しました。

――「貴方からは、何ら返答を頂けていません。……あれから既に4ヵ月が過ぎました。失礼を顧みず手紙を書いたのは、貴方と口頭で交わした約束を確認するためです。……折り返しの連絡を待っているのは、貴方がジョエル・アラス神父と会ったかどうか、確実に私に知らせていただきたいからです。その場合、何が明らかになったのか、修道会では彼の処分をどう決めたのかを知りたいのです。そして、私が道徳的にゆるされない罪に対して行った損害賠償と訴訟費用の請求に、いかなる決定を下したのか教えてください。私は、神父からの謝罪の手紙を、首を長くして待っているのです。」――

さらに私は、次のことを明確に記しました。

「私は、今の今まで心を奮い立たせ、辛抱強く待っていました。……今一度言いたいのは、ジョエル・アラス神父が全ての聖務を剥奪され、教会の職務を行わず、厳しい監視下に置かれることを望む、ということです。」

2日後、返事が届きました。

――「貴方から厳しい意見を頂き、もう一度私の行ったことを確認しました。ご安心いただきたいのは、私はすでに、すべきことをし、一部については、より厳しく対処したということです。……私はフランスに赴《おもむ》き、神父に自ら貴方の要求を伝えました。……ジョエル・アラス神父は、もうグルノーブルにはいません。リヨン近郊の修道院におり、あらゆる司牧活動を制限されています。もはや彼は、修道院の外の誰とも関わりをもつことができません。……ジョエル・アラス神父は『新たな間違いは犯していない』と誓って言っていますが、これ以上のことを彼が述べることは期待できないでしょう。

さらに、地元の司教が、新たなケースと推定される事案について、教会として公式の調査を行いました。そこでは、他の案件について彼の関与を証明することはできませんでした。……私は、チューリヒ精神学協会主催のセミナーに参加し、専門家の人たちに助言を求めました。セミナーは6月にも開かれます。……

損害賠償に関するご質問については、まだ検討中です。……お詫びの手紙については、ご容赦ください。お恥ずかしい限りです。……最後になりますが、貴方の手紙の中で私を悩ませるのは、とりわけ攻撃的な言い回しと、私が何ら対策を講じないと見なし、そこを激しく責めてくることです。私が貴方の敵ではないこと、そして、修道会にとってアラス神父の件は大変な不祥事であり、私が憤りを感じていることを、どうかご理解いただきたいと思います。」――

管区長が、児童性愛者に係る問題について彼なりに勉強するなど、ことを真摯に受け止めていることを知って安心はしましたが、居ても立ってもいられず、2003年5月24日に、いくつかの点について確認を求める手紙を送りました。

――「私は、確かな情報として、ジョエル・アラス神父がこの4月と5月に、2度にわたってスイスにやって来たことを知らされました。さらに、彼の友人で家族とも親しい司祭から、彼が『リヨンで高齢者を介護する仕事に従事する準備をしている』と語ったと聞いています。

したがって私は『またしても裏切られた』という思いを抱かずにはいられません。貴方は私に『神父が悪事を働かないように、外には出さない』と約束してくれたはずです。しかし、そうではなかった！　ジョエル・アラス神父がまたも異動になるという措置は、とうてい受け入れられないことです。彼に「自分は正しい」と確信させるだけであり、誰も彼を知った人がいない地で〝新しい人生〟をやり直させるようなものです。……さらに言えば、貴方は私に対して、何ら明確な遺憾の意を表していませんし、謝罪の要求にも応えていません。私は、いつまでもそれらを待つ決意です。

私の願いは、ジョエル・アラス神父への公式処分としての聖務の停止です。つまり、司祭としてのあらゆる仕事はもちろんのこと、その地位も合わせて剥奪されなければならない、ということです。彼が司祭の身分に留まり、新たに悪事を働くことがないよう、厳しい監視下に置かれることを希望します。そのためには、ジョエル・アラス神父がもはや聖務を行わないという証明書が必要だと思います。そしてまた、貴方の兄弟であるカプチン会士たちが、これまで見て見ぬふりをして救助を怠ったことによってなされた悪事に対し、何らかの形で償うことを強く望みます。」――

ご理解いただけると思いますが、私は胸を搔《か》きむしられる思いで目的を達しようとしました。カプチン会は、やっとのこと私の要求する額の賠償金を支払うことに同意し、2003年の7月7日、とうとうそれが支払われました。一方、教区からは、既に同じ年の4月に、請求した賠償金額の満額が支払われていました。ジェヌー司教は、私の賠償金請求に対して、すぐに回答を寄せてくれていました。彼の言葉は、私にとってある種の鎮痛剤の役割を果たしました。司教は私を犠牲者と認め、こう記していました。

――「君がこの苦難の道で示した、並外れた強さと勇気に感謝します。君に対して恥ずべき行為を行った者が教会の一員だったにもかかわらず、教会に対して変わらぬ思いを抱きながら、君の方から敢えて立ち向かっていこうとしたことについて、私は何度となく心を打たれました。」

――

そして司教は、教会の名によって私にゆるしを乞うたのです。

――「君が耐え忍ばなければならなかったことにして、掛けるべき言葉が見つかりません。しかし、今、一つだけ言わなければならないことがあります。『どうか、ゆるしてほしい』君の大きな苦しみと傷つけられた心に対して、この手紙で私は、心の底から君にゆるしを求めます。」

――


私は教会から、そして私を陵辱《りょうじょく》した司祭が所属するカプチン会から「犠牲者」と認められたのです。両者とも、道徳的な過ちに対して補償金を支払いました。しかし、いくらお金をもらっても、心の傷が治るものではなく、心身ともに〈癒された感〉を得ることはありませんでした。振り返ってみますと、ジョエル・アラス神父の属する修道会は、私の話に、初めからあまり疑念を抱いていなかったことが分かります。修道院に呼び出され、質問を浴びせられましたが、彼らは、私の言うことに偽りがないという確証がほしかったのでしょう。私は修道院で事情聴取に応じた時、こう言いました。

「私に付いて来てください。この修道院のガイドをしましょう。ここに暗い部屋がありますよね。では、２階に上がってみましょう。おや、ずいぶんと変わってしまいました。何もありません。

ここには以前、ガラスのドアがあったはずです。まだ続けましょうか？」

それ以上言い張る必要はありませんでした。私が修道院の内部を詳しく知っていることは明らかでした。私はまた、アラス神父の部屋のスケッチも描いて見せました。修道士の中には、彼が清廉潔白な人間ではないことを知っている人がいました。彼の悪事に気づいていた人もいたはずです。なにしろ、週に2度、ドアもよろい戸も閉められた部屋の中に、幼い男の子と二人きりでいるわけです。しかし、彼らはその時、どうして何もできなかったのでしょうか。私は『誰も気づいてくれていないのだ』と自分に言い聞かせていましたが、この性犯罪者の部屋の中で起きている現実を、想像することぐらいできたはずです。

カプチン会は、イヴォンヌ・ジャンドル判事に協力して、ジョエル・アラス神父が過ごした町を列挙し、検証を行いました。残念なことに、すでに亡くなってしまった人が多かったのですが、神父が、障がいがあって証言のできない人たちも暴行していたということが、調査によって明らかになりました。カプチン会の管区長は、2004年になってやっと、ジョエル・アラス神父に私への詫び状を書くよう命じました。以下が、アラス神父から私に宛てられた手紙の内容です。


――「こんにちは、ダニエル。

もっと前に君に手紙を書いていなければならなかったことは承知しています。

しかし、恥ずかしさのあまり書けませんでした。どうしても言葉が見つかりませんでした。

何度か書いてみたけれど、うまくいかなかった。君を再び傷つけるのが恐かった。

しかし、今日こそは書こうと思いました。
本当に、君にはとんでもないことをしてしまった。
君の純粋な心を深く傷つけ、
君の信頼に背いてしまった。
君に対してしてしまったことは、恐ろしく、残酷なことです。
私は大人で、君は子供だったのですから、言い訳などできません。
君が耐えなければならなかった心の傷の責任は、私にあります。
君に謝りたい。無理だろうか？　……あまりにも大きな罪を犯してしまいました。
だけど、こんな私をゆるしてほしい。他にも言わなければならないことはあります。
でも、どうやってそれを伝えることができるのか。今言えるのは、これだけなのです。
ダニエル、こんなことを言ってくる私を、どうか足蹴《あしげ》にしないでほしい。
もちろん、それが難しいということは知っているつもりです。」――

この手紙を受け取って、私の心はだいぶ和らぎました。やっとのこと、彼自身が、私を〝自分の犠牲者〟と認めたのですから。
今でも私は、この司祭が一人で外出するのを容認することができません……　彼が、いつも好きなようにあちこちを動き回っていたことを知っているからです。私の計算では、およそ150人の子供が、アラス神父による性暴力の犠牲者となっています。したがって、この児童性愛者が存在する限り、私の闘いは続くのです。私はこの件に関して、決して黙るつもりはありません。

ヨーロッパでは近年、修道院や寄宿舎の奥深く暗い部屋で、人知れず起こってきたやましいこと――児童性虐待――に対する良心の叫びが大きくなりつつあります。スイス放送のドキュメンタリー番組「タン・プレザン」によって、その他の不祥事が白日の下に晒されました。放送されたその日から、センセーショナルなニュースに飢えたマスメディアが、私を追うようになりました。それは私にとって、我慢のならないことでした。なぜならジャーナリストたちは、証人たちの苦悩や精神的な弱さに対してまったく気遣いを欠いていたからです。私は、精神的に打ちのめされ、自分を守ることができなくなりました。司祭から性暴力を受けた経験のある人たちからも、無数の問い合わせが寄せられました。彼らは、匿名で自分の体験を打ち明けるために、同じ境遇にある私に支援を求めてきたのです。ぞっとするような話を聞きながら、私は自分が決して一人ではないことを悟りました。私たち何百人もの被害者が、同じように地獄の苦しみを味わってきたのです。実に恐ろしいことです。

私の話は、誇張されて伝わることがあり、やがてそれが司教の心を苦しませる大きな原因となってしまいました。実際、ジャーナリストの中には、私が怒りに溢れていて『教会とその指導者たちを恨んでいる』とはっきり言わせたい様子がありました。「君は、怒りを感じていることをどうしても言わないつもりなのか？　4年間も性暴力を放置されて、それなのに怒りを感じないとすれば、君は頭がおかしいんじゃないのか？」。もちろん怒りはありました。しかし、それは司教に対してのものではありません。

２０１０年、この大規模な児童性愛のスキャンダルは、ベルナール・ジェヌー司教の命をも襲いました。あまりにも急に多くの問題が連続して起こってしまい、もはやその状況に耐え切れなかったのかもしれません。司教は、並外れた精神力の持ち主で、テレビやラジオなど様々なメディアで自らの考えを述べていました。彼に対して責任を求めることはできません。彼の残した仕事は質の高いものでした。率直で偏見のない人で、常に話を聞こうとし、どんな些細なことも見逃がしませんでした。何より、私たちが公に「犠牲者」として認められるよう手を尽くしてくれたのがジェヌー司教だったのです。

地元の教会とその責任者たちが、地方裁判所に支援を求めたことで「調査委員会」が設立されました。性暴力の加害者の告発を望む犠牲者たちからの聞き取りがその役目でしたが、同時に「加害者リスト」を作る目的もありました。まだ明らかにされていない罪が明らかになったときに、彼らを裁くためです。

イヴォンヌ・ジャンドル判事は、優れた働きをしました。彼は聞き取りをもとに、既に民事法上は時効となっているジョエル・アラス神父の被害者約60人について、訴訟書類をまとめたのです。しかし、遅すぎました。神父に対し、犯した罪を償わせるには、少なくとも彼の重罪について記録されたものが必要だったのです。判事は、私に、公に証言するよう求めました。大きな決断を迫られた場面でした。役人と呼ばれる人が、国家を代表し、時間を割いて私の話を聞いてくれる時がとうとうやって来たわけです。検察の聞き取りは、厳正なものでした。教会が、あくまでも穏やかに私の話を聞いてくれていたのとは大きな違いです。今、私の手元には、裁判所の書記官によって作られた公式な調書がありますが、そこには、事件のことが微に入り細にわたって記されています。裁判官たちの質問は、まさにプロの仕事でした。ここに、私が判事から受け取った、ジョエル・アラス神父についての刑事裁判に係る文書の抜粋《ばっすい》を記します。

「今回のような悲嘆すべき事案について、２００８年10月24日に、私のヒアリングにおいて証言していただいたことに、感謝の意を表します。重大かつ極めて個人的な出来事である今回の事案を再び顧《かえり》みることが、大変な苦難を伴うものであったことを理解しています。あなたの証言は、既に時効になった事案についてのものであったとしても、調査を進展させるには十分なものでした。私がすべきは、事件をこの場に留めるのではなく、関係書類をフランスの司法当局に委ねることです。そこでなら、まだ時効になっていない案件について、訴訟の手続きを行ってくれるでしょう。有効な証拠となったあなたの証言の記録は、彼らの手元に必ずや届くはずです。」

質問を受けたとき私は、判事がアラス神父を投獄できるだろうと明確に感じていました。私の供述は、十分に根拠のあるものでした。アラス神父は自筆の手紙を送ってきており、その中で、私に性暴力を加えたと認めていたからです。

幼いティボー少年は、そのときわずか10歳でしたが、決定的な証人となるはずでした。しかし、テレビで放送があった後、母親が私の家にやって来て、食事をしながら、私の確かな証言があるにもかかわらず「司教が自分に嘘をつくはずがない」と言い出したのです。結局彼女は、告訴することを拒否しました。おそらく彼女にとっては、私が嘘をついているということにした方が楽だったのでしょう。

ジョエル・アラス神父を巡るスキャンダルは、次第に劇的な方向に向かい始めました。このカプチン会修道士は、何の利害関係もない多数の人々に悪さをしただけでなく、彼自身の親類の子供たちに対しても悪事を働いていたのです。それは1992年に彼が異動となった、グルノーブルで起きていました。不祥事対策として異動させられたはずの彼ですが、赴任先のグルノーブルでは自由に行動しており、ある晩、遠い親戚に当たるロマンという少年を自室に泊めました。ジョエル・アラス神父は、他の子供たちと同じように、彼に性暴力を加えました。バカンスで息子を彼のもとに送った時、母親は、まさか邪悪な児童性愛者のベッドにわが子を寝かせようとしているとは思いませんでした。教会や修道会が、神父の犯した性虐待をひた隠しにしていたからです。私が証言するのをテレビで見て、母親は息子の心の変調を思い出し、何が起きていたかを知るに至ったのでした。彼女は私に電話を掛けてきて、私を暴行した男の名前を聞き出そうとしました。私はそれを拒否しましたが、彼女は引き下がらず「それはジョエル・アラス神父ではないか」と尋ねました。不安が的中し、すべてを知った彼女は、電話口で泣き崩れました。

告発の効果と言うべきでしょうか、至るところで突破口が開かれました。おぞましい出来事が次々と起こりました。ある教会墓地では信者たちが、一人の司祭の墓の上に「児童性愛者」と記された紙が置いてあるのを見つけました。次の日曜日、誰かがもう1枚の紙を加えました。「お前に暴行された」。児童性愛者の幇助犯として糾弾されることを恐れ、誰もそれらの紙片を墓から取り除こうとする人はいませんでした。明らかに雲行きが怪しくなっていました。

その頃、事件が明るみに出た教会では、2つのグループができてしまっていました。1つは訴えを信じようとしない、司祭側に付いた人たちで、もう1つは、いまだ口を開けないでいる被害者らを擁護する人たちのグループでした。

私が公の場で告白したことがこのような事態を招いたことで、私の体には異変が起き始めていました。その時、主治医の精神科医は、私がもはや自分自身を制御できない状態と診て、メディアのインタビューに応じないよう助言してきました。私は、極めて危険な状態に陥りつつあったのです。

性暴力を訴えることは、大変な苦しみを伴う歩みとなります。それにもかかわらず法は、児童性愛者の行動を明らかにすることを課すのです。個人的に言えば、犠牲者は自身が癒されるために、まずは身の上に起こった事実を聞いてもらえる機会を与えられることが必要だと思います。医師の役目も聴罪司祭の役目も、また学校の先生の役目も友だちの役目も、何を置いてもまず「聞く」ことにあるのです。面倒なことになってしまうという不安があるうちは、誰も話そうとはしません。こうなると厄介ですが、それが現実であり、まさしくそのようなものなのです。訴えが提起される時になって、様々な問題が生じるという展開になることもあります。児童性愛者を訴えたことで命を絶つ関係者がいたとしたら、それは最悪のことです。その死には責任がありますし、死に至らせたということで、逆に訴えられることさえあるかもしれません。
ですので『全てがうまくいくはずだ』と早合点して『何が何でも訴訟を』と考えるのは、短絡的です。現実は、理想通りには進まないものなのです。悪い者が罰せられ、善い者が癒されるというのは、むしろ稀《まれ》なことです。なぜでしょうか？　圧倒的に多いのは、訴訟によって、家族の和が台なしになってしまうことを知って、取りやめてしまうことです。性暴力犯は、まるで家族のように身近にいて、代々にわたって教会の中にいつも存在してきました。そもそも訴訟は、司祭による性暴力の犠牲者たちを承認するためになされるものであるにもかかわらず、全ての犠牲者が堂々と名乗り上げることができるわけではありません。ある人にとっては、門は常に鍵が掛かって閉じたままなのです。そして、そこから逃げ出すことができないでいるのです。

また、訴訟を起こすことは、自らの恥をさらすことでもあります。犠牲者は、そのような試練を受けることになります。実際、精液の跡がないかを探すために、医者に肛門をさらさなければならないこともあるのです。これは、通常の感覚では耐え難い恥辱であり、トラウマとなる可能性もあります。そのようなことをされた子供のことを考えてみれば分かることです。性暴力の犠牲者に、10年、15年たった後、たとえ検査であったとしても、同じようなことを強いるのは、野蛮な暴力以外の何物でもありません。性暴力を受けた人の中には、自身の体験を言葉に表わすまでに、多くの時間を必要とする人もいます。彼らは、過去を明らかにする前に、時として死を選んでしまうケースがあります。『死ねば、それ以上失うものは何もない』と考えてしまうからです。

性暴力の被害に遭った子供は、心理的な面で常に問題を抱えながら成長するか、あるいは特異な人格が形成されるに至ります。彼らは無意識のうちに、狡猾《こうかつ》に駆け引きする術を身に付けてしまい、それによってしばしば、上手に嘘をつくことを覚えたり、不可解な行動をしたりするなどの性向が形成されてしまいます。いずれにしても、このような子供は、面倒な問題を避けるためにはどうすべきかを知っています。自分の秘密を明かさず、何も語らないことに極めて長けているると言えるでしょう。性暴力を受けた子供は、暴行犯と共犯関係に置かれます。なぜならば、プレゼントや特典を与えられ、〈与えられる物を喜んで受け入れる〉ように仕向けられてしまっているからです。その結果、性暴力を被ったにも関わらず『それを幇助した』ことになってしまうのです。

どうすれば、これらの不条理から逃がれることができるのでしょうか。暴行を受けた子供は、暴行犯にとって玩具《おもちゃ》であり、欲望の対象です。ジョエル・アラス神父は、日曜学校などで子供らを競わせるときには、いつも私に、前もって答をすべて教えてくれていました。このような策略も、彼の性暴力の台本の一部でした。このようにして、わくわくするようなレイプショーを演出していたのです。時間を十分にかけ、舞台を作り上げていたわけです。私は、自分が1等賞を与えられるほどの優等生ではないことを知っていたので、彼が私を手なずけるために特別扱いをしていることを理解していました。しかし私は、〈そのことを誰に話すべきか〉を知らなかったのです。そのようなわけで、私の中では、隠し事をする能力、必要なこと以外は喋《しゃべ》らない能力、真実を歪《ゆが》め自分の都合のよいように解釈する能力が発達してしまいました。

少年期の私が生き延びるためには、これらの力が必要だったのです。他人をも自分をも欺《あざむ》く力を、芸事のように習得してしまったわけです。

加えて、訴訟を選ぶことは〝血も涙もない挑戦〟です。なぜならば、人はたいてい確かな安定を求め、満足のゆく人生を送ることを求めるものだからです。過去の辛い体験に、再び身を置きたい人がいるでしょうか。性暴力の被害者だと名乗り出ても、それを全く認めようとしない人たちや、その他多くの人たちの好奇の視線に耐えなければなりません。訴訟を起こすということは、もう一度破滅することを意味するのです。自らが虐待の生き証人となって恥を晒さねばならず、自分の人生を他人から勝手に評価されることになるからです。これは、ほとんど耐え難いことです。

ある女性が私に打ち明けた話です。この女性は、夫が息子に性暴力を加えているのを知っていましたが、どうしたらよいのか考えあぐねていました。夫を訴えることは、息子をも公の場に引っ張り出すことを意味します。人々の目が息子の上に注がれることになるのです。彼女は、何も言わないことに決めました。これほどつらい決断もないでしょう。彼女は、自分が口外することが〝より悪い結果〟をもたらすと考えたのです。

私は、彼女を責められません。彼女が恐れるような事態も確かにあり得るからです。自分自身と関わりのあることなら、それほど単純に答を出せるものではありません。しかし、そうでなければ、意見を言うのはたやすいことです。それで、多くの人が思い思いに私に忠告しました。「ダニエル、何も喋らない方がいい。自分をいじめるのはもうやめにしよう」。

性暴力犯を訴えることで、社会的地位の高い人に立ち向かわねばならないこともあります。私の経験も含め、そのような例はたくさんあります。私の場合、犯罪の舞台は教会でしたが、性暴力の多くは家庭の中で起こっています。父親が児童性愛者だったというケースもあります。その父親は、極めて徳の高い人物として知られていました。多くの機関にボランティアとして関わり、生涯にわたって人のために尽くし、誰からも高く評価され尊敬されていました。しかし彼が亡くなったとき、2人の娘たちがなぜか葬式に出るのを拒んだのです。誰にもその理由は分からず、親族も地元の人たちも「非常識な娘たちだ」と2人を非難し大騒ぎになりました。私は、その2人に会ったことがあります。彼女たちは、私の事件を知っていました。それで、単刀直入に尋ねてみたのです。「お父様のご葬儀に出られなかったと聞きましたが、お父様との間に何かあったのではないですか?」。彼女らの一人が、弾かれたように答えて言いました。「暴行を受けたのです。あなたと同じように……」。それを彼女が誰かに話したのは、初めてのことでした。しかも彼女は、姉と妹でなぜお互い同じように葬式に出なかったのか、その時まで知らなかったそうです。それで、口を閉ざしたままでいるもう一人の方を向き、静かな声でこう言いました。「あなたもそうだったのね」。

同じような経験をした私なら「きっと自分の話を信じてくれるはずだ」と思ったのでしょう。

2人は70歳になっていましたが、父親から受けた性暴力の事実を、それまでお互いにずっと黙っていたのです。姉妹の間でさえ、その話題に触れることを避けていたのでした。

性暴力については、身近な人たちより、第三者に話を聞いてもらうほうが理解を得やすいことがあります。そして、真実は、必ずしもトップ記事になるわけでもなく、法廷で裁かれるわけでもないのかもしれません。

一口に訴訟といっても、非常に複雑な様相を孕《はら》んでいます。性暴力のような事案について訴訟が行われる場合は、たくさんの事前対策が講じられるのが普通です。訴えてみても、常に望ましい結果が得られるとは限りませんし、何より、犠牲者にとって最大の危険が自殺であるため、大変な慎重さが求められるのです。ですので、親しい人たちの全面的な支援がないまま訴訟を始めるのは、大変危険なことです。

また、事実を打ち明けたのに、信じてもらえない犠牲者も少なくありません。犠牲者をないがしろにし、組織的に仲間をかばう例もしばしば見られます。児童性愛者の司祭に対する、教会の隠蔽がまさにこれです。司教は、教区内の司祭らの情報をもっていて、一部の者については性的嗜好さえ把握しているものです。

しかし、時として彼らは、あえてそれを深く詮索しないようにしてしまうのです。私の場合、告発は一定の成果を上げ、損害賠償金の支払いにまで行き着くことができました。性虐待の犠牲者だったことが、公に認められました。聴取に当たった人たちは皆とても有能で、しかもいつも私を丁重に扱ってくれました。私を信じてくれていたのです。おかげで、何の圧力も感じることなく、身の上に起こった出来事を公にすることができました。状況は、私を守るに十分なほど固められていたのです。

アインジーデルン大修道院の修道院長が、私の告発のことを気にかけてくれていると知り、とても心を打たれました。彼は、修道院内にいる性犯罪者とその犠牲者を探すために「外部調査委員会」を立ち上げ、司祭に関する文書を開示し、証言を集めました。その結果、実に24件の事実が浮かび上がりました。最終的に9人の修道士が訴えられ、犠牲者は40人に達しました。修道院長は、犠牲者の数はそれでも少ないと感じていました。

調査は次のように行われました。まず外部調査委員会が、卒業生を含めたギムナジウムの全生徒にアンケートを送りました。さらに、地元の新聞に案内広告を出させ「犠牲者は名乗り出るように」と促したのです。修道院長は、修道士を派遣している全小教区に情報を提供し、１９９８年には訴状の作成をはじめとする犠牲者たちの支援部署を開設しました。その時から修道院長は、性暴力の撲滅に向けて陣頭指揮をふるうようになりました。タブーを破り、人としての道を外れた行為を、何としても防ごうという決意でした。

児童性愛者との闘いは、教会内部に大きく広がっていきました。ベネディクト16世とフランシスコの２人の教皇は、見て見ぬふりをして犯罪者を守ってきた司教らに対する厳しい糾弾に着手しました。2人とも犠牲者と会い、話を聞き、共に祈り、一部の聖職者から被ったトラウマに対して遺憾の意を表しました。意を決して自ら名乗り出た犠牲者たちは、教皇から感謝を受けました。教皇フランシスコは、罪を犯した司祭に対し、厳罰をもって臨むことを明言しました。教皇のこの問題に対する毅然たる態度は、必ずや実りをもたらすことでしょう。

時効になったからといって、事件の調査活動が止まってしまうべきではありません。しかし、「性暴力があった」と認められたとしても、問題が解決される例はわずかです。事は、思ったようには運ばないものなのです。

私は、映画『スポットライト 世紀のスクープ』も参考にしました。教区年鑑を手に入れ、私に関係のある1950年代のものから順に、細かく調べていきました。すべての司祭の名前を書き留め、数年間にわたる彼らの異動の状況を再現してみました。それによって、性暴力の疑惑を隠すための、驚くべき異動の実態が明らかになりました。ある司祭は、スイスから他の国へ異動となりましたが、数ヵ月後には再びスイスに戻って来ているのです。どうして行ったり来たりさせたのでしょうか。このようなことが短期間に起こっているとすれば「性犯罪があった」と教えてくれているようなものです。その司祭は、疑惑の声が上がる前に短期間だけ国外に逃がされ、ほとぼりが冷めた頃に舞い戻って来たというわけです。今ならば、司教がもし何か疑いを耳にしたならば、それを司法当局に知らせます。それが正しい対処法です。しかし、10歳の子供だったらどうでしょうか。自ら訴え出ることはしないでしょう。家族も同じです。これは永遠の課題であり、解決策を見出すのは難しいと私は思っています。だからこそ、何らかの疑いを知るに至った司教は、即座に司祭の職務を停止し、聖務を行わせないようにしなければなりません。犠牲者には、頭の中を整理するための時間がどうしても必要です。ですから、犠牲者が訴えを起こすのを待っているようではいけないのです。一人の児童性愛者の司祭が、20年間も罪を犯し続けることができたのは、まさにそのためなのですから。

ところで、性犯罪をなくすにはどうすればよいのでしょうか。世間では司祭の性犯罪ばかりが取り沙汰されますが、一般の社会でも、教会と同様これらの犯罪の一掃が図られるべきです。さもなければ、児童性愛者による事件は増えてゆく一方だと思います。家庭を筆頭に、スポーツ教室、スカウト運動、学校など、子供と大人が近しく関わることの多い場は、どこにでもあるものです。もし「これらの環境の中で1度かそれ以上、大人からの性的な被害に遭った経験があるか」という質問をすれば「はい」と答える人は、教会におけるそれとほとんど変わりないと思われます。つまり、このような被害に遭う人は決して少なくはないということです。

性被害に遭った人たちは、そのことを言うべきか黙っているべきか、分からずにいるのです。教会内で起こったことであれば、私たちは憤慨し、司教に詰め寄ることができます。しかし、自分たちの生活場所とは違う世界にも関心を抱き、声を上げるべきです。

私がジョエル・アラス神父を告発しようと決めた理由の一つは、このような問題が二度と再び起きないようにするためでした。しかし、15年たっても、事態はほとんど変わっていないことに気づかされます。アラス神父がグルノーブルへ配置替えになっていたということなど、容認できるはずがありません。私は自分の人生を賭けて、児童性愛者と闘うつもりです。たとえそれが、終わりのない闘いだとしても。

後遺症と虚弱さ

幼少期に性暴力を受けた人には、虚弱で病気がちな例が多く見られます。抑圧された苦悩や不安が、さまざまな身体症状となって現われるものと考えられます。実際、彼らの身体は傷ついていて、性暴力を受けた痕跡を残しています。それらは「消し去ることのできない痕跡《こんせき》」です。

私にしても、体は極めて虚弱で、感情が高まるような状況に置かれると、すぐに体調を崩してしまいます。若い頃には、強い感情的なショックによって2度、命に危険が及ぶほどの急性髄《ずい》膜炎《まくえん》に罹《かか》りました。肺も弱いようで、肺炎を起こすのはいつものことでした。その他、虚弱さについて話せばきりがありません。体中のいたる所から、さまざまな病気が引き起こされました。病気になりがちなことは、仕事をする上でも大きな問題となっています。体調が良い日が続くのはむしろ珍しいぐらいで、寝込むことも多く、家事を手伝うこともままならないほどです。

私が思うには、自分の苦しみを公に明かすことができない代わりに、このような症状が体に現われるのです。何かがうまく行っていないことを、体が教えてくれているのだと思います。心的外傷《トラウマ》の後遺症と向き合うよりは、肺炎の治療で医者にかかる方がずっと楽です。ある意味、性暴力を受けた人は、体に症状が現われることで、自分の健康を気遣ってくれたり身の回りのことをしてくれたりする人たちに、話を聞いてもらうことができるようになるのです。ですから医師も患者自身も、病気は〈話を聞いてほしいというサイン〉であることを覚えておかなければなりません。

体が弱いということは、同様に心も弱いということです。性暴力によって生命の躍進力が損なわれたとしたら、それは死んでいるようなものです。生命力は、あらゆる行動の源です。性暴力の犠牲者には、不器用で体をうまく動かすことができない人が少なくありません。歩くことさえ億劫《おっくう》で、働くことができない人もいます。幼児期に性暴力を被《こうむ》った人は、自分のアイデンティティーをなかなか確立できません。どこかの部分で、成長が抑制されてしまうのです。

私自身も、それを強く感じていました。迷いが大きく、決断することができないという、ある種の気《け》だるさをいつも感じていました。自分が「不安定な土台の上に作られた欠陥商品」としか思えませんでした。

さらに、性暴力の被害者の多くは、慢性の鬱《うつ》病、あるいは自殺願望と闘っています。私は、そのような地獄を生きてきました。

性暴力を受けた子供は、大人になっても心は弱いままなのだという現実について、私にはとても印象的な経験があります。ある日私は自分の過去を、一人の女性に話しました。良識がありしっかりとした人に見えました。しかし彼女は、私の話を聞くと突然へなへなと椅子から滑り落ちてしまいました。私の告白に堪えられなかったのです。私の話は、これまで彼女が築き上げてきた心の中の厚い壁に、穴を開けてしまったようです。私の言葉が彼女に激しく襲いかかったことで、封印していた過去の記憶が呼び戻されてしまったのです。彼女もまた、幼い頃に性被害に遭っていたのです。しかし彼女はそれをひた隠しにし、胸の奥にしまい込んでいました。そんな彼女が私の話を聞いたとき、再び脳裏に地獄が蘇《よみがえ》ったのです。

このように、性被害者の後遺症は決してなくなるものではありません。それを知り、自分の中で折り合いをつける術《すべ》を学ぶ必要があります。

私がテレビで証言してから間もない頃、常識では考えられないような1本の電話を受けました。見ず知らずの女性が、いきなりこう言ったのです。「テレビでは言ってなかったけれど、本当は性行為を楽しんでいたんでしょう?」。

そのようなことを決めつけて言ってくるなど、失礼にもほどがあります。私は受話器を投げつける勢いで、女性に対しあからさまに汚い言葉を浴びせその非を強く咎《とが》めました。

が、同時に、この前代未聞の言葉の暴力をきっかけとして、全く違った考えが頭に浮かんできたのです。私が性行為を楽しんでいたなど、決してありえないことです。ジョエル・アラス神父はそうだったでしょうけれど、私は違います。しかし私は、女の言葉によって、自分が恋愛より先に性を、しかも汚れた性を知ってしまったことを思い知らされました。あのおぞましい行為が私にとっての〝性教育〟になってしまっていたのです。当時の私には、選択の自由がありませんでした。性暴力を受けることによって性を知り、その喜びに目覚めてしまう例もないわけではありません。おそらくそのような人たちは、大人になった時点で、自分がそれを知った時と同じ感覚を求めるようになるのです。

こういった考えに私は、長いこと苦しめられてきました。そして、悩んだ挙句《あげく》に、新たな疑問が生じてきました。それは『自分は、児童性愛者だったから被害に遭ったのだろうか』という疑問です。性被害に遭った子供が、成人して児童性愛者になる例は確かにあります。私は、自分の結婚を決めた時、このことを考えずにはいられませんでした。『性被害に遭ったという事実が、父親になるための足かせになりはしないか』と何度も自分に問いかけました。『一緒に過ごすことで、子供たちに危険が及ぶのではないのか』と。幼い子供に対して、何らよこしまな気持ちを抱くことはありませんでしたが、私には確かな答えが必要でした。何より「ヴァレリーが自分を信じてくれている」という確証が必要でした。

そこで精神科医を訪ねました。専門家の見解を求めたのです。そして、心理療法《セラピー》を始めました。子供に性暴力を加えることは、子供の心の奥深いところにある扉をこじ開け、永遠に破壊してしまうことです。一度破壊された扉は、再び元に戻ることがありません。したがって性暴力を受けた子供は、自制が効かず、内側からも外側からも守ってくれる防御網がないまま生きて行くことになります。

つまり、性暴力を受けた子供は〈感情の波が激しい大人〉になってしまうということです。このような人生を歩むことで、私は既に十分な苦しみを味わっていたので、また同じ泥濘《ぬかるみ》にはまってしまうとは夢にも思っていませんでした。『自分は自殺するかもしれない』という、はっきりした思いさえ抱くようになっていました。

性の後遺症は、性生活にも影響を及ぼします。大人になって、体を売るようになる人もいます。おそらくは、被害を被ったことで、自分の体を大切にすることができなくなってしまうのです。同性愛に走ってしまう人もいます。性暴力によって、女性への性的感情が絶たれ、男性相手でなければ性生活を営むことができなくなってしまうのかもしれません。

私もまた、同性愛の傾向はないものの、長い間女性と相対することが苦手で、女性と性生活を営むことに対して大きな不安を抱えていました。心の奥底まで、修復不可能なほどにアラス神父に破壊されたということが、私から自然な感情を奪ってしまったのでしょう。修道院に入ったのは、自分を悩ませる性の問題から遠ざかりたいと、無意識に感じていた結果かもしれません。私は「貞潔の誓い」を立てていました。自分を惑わすものを何も感じることがなく、人生をやり直すことができました。確かな心の安定を得たおかげで、修道院を去った後、かえって恋愛に前向きになることができたのだと思います。


今、私の心が穏やかなのは、妻、子供たち、そして信仰のおかげです。もしも私が、これらの精神的な支えがなく、感情的に不安定なままならば、性的にも完全にブレーキが利かないはずです。常に違う相手を求めるように！　しかし、そのような人生は、身の破滅をもたらします。そして、もし他に生き方がなければ、自殺するしかないのです。

「性」は、誰にとっても必要なものです。もし正しい方法でそれを見出せなかったら、一生悩むことになります。人として生きている者は皆、性的欲求をもっています。しかし、ある時、一人のカプチン会司祭が私に打ち明けました。

「性に対する衝動を、私はこれまで一度も味わったことがない。私は勝利者であり、自由なのだ」。

その時彼は、92歳でした。

家族を除いては、幼い子供たちと関わることはありません。関わることで子供の苦しむ姿を見てしまったら、きっと耐えられないでしょう。私の心は、子供の苦しみに激しく同調するのです。子供は、無邪気で生きる喜びにあふれ、自由な存在です。そして、何より、いとおしい！　子供が苦しむことなど、絶対にあってはならないのです。『もしそういう例があるならば、全力で救い出そう――』　そのような思いが、いつも心の奥底から湧き上がってくるのです。

大人と子供が一緒にいる場面を見かけたときは、いつも〈大人がどんな振る舞いをしているか〉に注意を払います。仮に、少しでも性暴力の疑いがあれば言語道断、私は恐ろしい野獣に豹変します。私には、そうしなければならない義務があるのです。

以前、このようなことがありました。学校のある集まりに、男の子が叔父に連れられて来ていました。私は、叔父の態度がおかしいことにすぐ気づきました。多分、私の他人の態度を見る目は、一般の人とは違うのでしょう。実際に性暴力を受けた者でなければ、そのような見方はできません。普通でないものを見分けるには、たくさんの似たような経験が必要なのです。私はその子の父親を知っていました。かつての同級生でした。子供たちを家に送ると、彼の家に行きました。気持ちが次第に高まってきました。玄関のベルを鳴らすと、扉が開きました。父親は癖のある男でした。私は、こう切り出しました。「元気だったか？　ちょっと話せるか？」。すると「いったい何の用だ？　俺はいつもどおりだよ。調子は悪くないさ」。私は、彼のためにやって来たわけではありません。「言っておかねばならないことがある。大切なことだ。話したらすぐに帰るよ」。彼は驚き、少し身構えました。「あんたの息子はいい子だが、あんたより可愛がっている人がいるんじゃないのか？　あんたの兄貴が……」。それ以上、言葉を続けることができませんでした。彼は、ばつが悪そうに私を見つめ、叫びました。「くそっ！　そのとおりだ。知っているとも。放って置いてくれ。もしあいつが息子に指一本でも触るようなことがあったら、ただじゃおかないさ！」。そう言って踵《きびす》を返し、家の中に戻って行きました。私はいくらか落ち着き、あの男の子が苦しむことがないよう、祈りながら帰りました。

ここで明らかにしておかねばならないことがあります。私は、4年間にわたって神父から性暴力を受けました。しかし、私の中のたくさんの問題が、すべてこの4年間の経験から来ているわけではありません。その背景を、よく検証する必要があります。自分自身の問題点と、被《こうむ》った性暴力とを結んで考えてしまう人は多いものです。しかし、さまざまな経験が、トラウマから生じる苦しみを抱えての生き方に影響を与えるのだと思います。

私の場合、おそらくは性暴力以外の経験が、私の問題をさらに大きなものにしたのでしょう。私は生まれた時から、苦難の道のりを歩んできました。既に母の胎内にいる時に、父の暴力に苦しむ母の苦悩を味わっていました。幼い頃には大病を患い、その後ロモンの町を追われ、罵詈雑言《ばりぞうごん》を浴びせられました。母が病気になり、途方にくれました。思うに、私の苦悩はむしろこれらの体験と関係が深く、それが性暴力によってますます大きなものになってしまったのです。

母から離され、他人の世話を受けるようになると、そこでは嫌な思い出はまったくないのですが、しっかりと地に足が着いていたという自覚がありませんでした。子供の頃は引っ越しが重なり、時には帰る家がなく、他人の家に厄介になり、ソファをベッド代わりに犬や猫と過ごすこともありました。

こういった経験の一つひとつが、心に傷跡を残しています。例えば、私は旅行が好きではありません。旅支度をするのはおっくうですし、不安が襲ってくるため決して一人旅はしないようにしています。バチカンに行くときでさえも、誰か信頼できる人の同行が必要です。ジョエル・アラス神父から性暴力を加えられていたのは、辛いことの多い時期でした。私は、彼の邪悪な感情によって崩壊させられました。辛い経験が重なることによって、私は傷つきやすい子供になっていたのです。しかし、改めて言いたいのは、私の人生は、性暴力をされただけで決まったわけではなかったということです。

私は性暴力を受け、楽しい少年時代を奪われましたが、そこから目を背けてはいません。奪われたことがむしろ活力となって、この問題に取り組むようになったのだと思います。性暴力の犠牲者を割り出し、彼らを性犯罪者の魔の手から逃れさせなければなりません。このような考えのもと、専門医と連携を取り合うことが、性犯罪の強力な防止策となるのです。

性被害に遭った子供たちが皆そうであるように、私も今なお苦しんでいる者の一人であり、決して毎日を健康に過ごしているわけではありません。それでも、可能な限りの努力はしています。困難にぶつかるたびに、どうすればその障害を乗り越えられるかを考えます。なぜ、敢えて立ち向かおうとするのでしょうか。それは、おそらく「試練が私を成長させてくれるから」だと思います。そして私は、むしろ幸運であったと思っています。それは、子供の頃に性暴力の被害に遭いながら、児童性愛者になるという傷跡が残らなかったからです。

愛するとは、全てを与えること

私たちの結婚生活のモットーは、詩編84章の中の一節です。

「慈しみとまことは出会い、正義と平和は口づけする」

この言葉は、私の支えであり闘いの盾となっています。私は信仰によって救われましたが、それも出会った多くの人たちの支援があってのものです。それで、ある日、回顧録を作ろうと思い立ちました。私はそれに『立ち上がった人』というタイトルを付けました。本の最終ページには、お世話になった人たち一人ひとりの名を記し、感謝の言葉を添えようと思いました。しかし、いざ名前を書き出してみるとリストは長大なものになり、その数は100人を超えてしまいました。それでも私は、すべての人の名前を記しました。彼らが私に残してくれた「しるし」を永遠に留めたいと思ったのです。


「ミグロス」の会長だったピエール・アーノルドとの不思議な出会いについては、すでにお話したとおりです。アインジーデルンに着いたその日に出会い、修道院にいる間中ずっと親しくさせてもらっていた人です。何年も後になって、知人との何気ない会話の中で、彼について信じられないようなことを知るに至りました。

ある日、旧知の聖フランシスコ・サレス宣教会の神父が、突然フリブール州立図書館にやって来ました。扱い方の分からない古書を預けるためでした。私たちは久しぶりの再会を喜び合いました。おしゃべりが一段落した頃、彼はこう言いました。「それにしてもピッテ家は幸運だったね。アーノルド氏があれだけのことをしてくれたわけだから」。私は何のことを言われているのか分からず、彼の顔を見上げました。そんな私を見て『まさか』という表情で続けました。「アーノルド氏は……　何も言ってなかったのかい？　彼が君だけじゃなく、兄弟みんなの分までも学費を払っていたことを知らなかったのかい？」。

私は呆気に取られました。信じられませんでした。しかし、それですべてが分かりました。母が私たちの学費を払えたはずがありません。それなのに、何の問題もなかったのです。何ということでしょう。アーノルド氏は、私と親しくなると、家族のことも尋ねるようになりました。ヴォルフガング神父も、私たち家族が貧しいことを話していたことでしょう。それで、絶対に知られないよう、匿名で私たちを支援することに決めたのでした。それほどのことをしてもらっていたとは知りませんでした。彼は、名誉にも人々の賞賛にも無関心で、常に変わらぬ態度で私に接してくれていました。今でも信じられない思いです。しかし、アーノルド氏は数年前、すでに亡くなっていました。私たち家族は、もはや彼にお礼を言うことさえできないのです。

長い間私は、一人の聴罪司祭にお世話になっています。

彼は、会う日が近づくと、決まって確認の電話をくれます。ある時、そのことを尋ねました。「どうしていつも電話をくれるのですか？」。するとこう言うのです。「君にはゆるしの秘跡が必要なことを知っている。もし来ないのならば、それは君に何かあったということだ。他の人にはここまでしないさ」。

実際、ゆるしの秘跡を受けることで、内に籠《こも》ろうという意識から完全に解放されます。最近も、ローマで似たような体験をしたばかりです。そこで私は、ずば抜けて懐《ふところ》の深い司祭に出会いました。彼に告白したことで、楽になりました。心が完璧に軽くなったことを感じました。ゆるしの秘跡によって、司祭と時間を共有することで、自分の内面を見つめることができます。私のような活動的な人間にとっては、ゆるしの秘跡のように〝精神を集中できる時間〟が必要不可欠です。

しかし、ゆるしの秘跡は心理療法《セラピー》ではありません。告白する内容が違います。聴罪司祭に、妻や子供のことを話したりはしません。話すのは「イエスとの関係」です。イエスが私にしてくれることの中には、時として理解できないこともあります。どうして4年もの間、私を苦難に晒《さら》したのでしょうか。私は負ってしまった傷を、来る日も来る日も、祈りの中で癒してきました。とりわけゆるしの秘跡によって。話を聞いてもらい共有するゆるしの秘跡は、私にとってかけがえのないひとときなのです。

20歳でアインジーデルンを去ったとき、私の心は病んでいました。その時、9歳の私にジュルネ枢機卿が語った言葉を思い出し、言われたとおり9度、ブルギヨン礼拝堂へ行きました。この小さな巡礼は、私の慰めとなりました。私は8度泣きました。そして9度目に門を開けました。この1人の少女が跪《ひざまず》き泣いていました。『自分よりずっと苦しんでいる人がいる』と思いました。確かにそのように見えたのです。聖母に向かい「あの子の苦しみを癒してください」と祈りました。礼拝堂から出て扉を閉めた時、一つの問いが頭をよぎりました。「お前は信仰を捨てるのか、否か」――私は捨てることを選びませんでした。そう決めてからは、二度と迷うことはありません。私が自分の意思で選んだ「本物の信仰」なのですから。

私はいつも、自分を成長させてくれる人、あるいは人生の規範となるような人との出会いを求めていました。私は、誠実で公平で信頼が置け、自分を支えてくれる強い仲間に惹《ひ》かれます。それは、生きる本能によるものです。人が集まる中で私は、その中心となる人を見分け、頼ることができます。たとえば、テニスを習うならフェデラー選手を捕まえるでしょう。それが上達する早道だからです。彼なら私に適切なボールを返してくれるでしょうから、良いフォームで打てるようになるわけです。

頭の中では、苦しみを他人の事のように考えて、自分から遠ざけるようにしました。「ジョエル・アラス神父は病気だ」と考え、自分を苦しめていた性暴力から距離を置くことができるようになりました。言い換えれば、自分自身を客観視できるようになったのです。初めはよく泣いたものですが、次第に泣かなくなりました。

このように自分の苦しみを傍観することで救われた面もありますが、同時に、自分の一部が自分ではないように感じるようにもなりました。ジョエル・アラス神父に犯されている間「今日は長いなあ」などと考えることもありました。

しかし、「苦しみを傍観できるようになった」という言い方は正確ではありません。自分はともかく、他の人が苦しんでいれば、それから逃がれられるよう全力で支援します。「出しゃばりだ」と思われることだってあるかもしれませんが、私自身がそれによって救われたのです。気になる人がいれば、私はその印象を本人に告げます。とはいえ、無理に話させるようなことはしません。

大切なのは、気づいて言葉を掛けることです。私はそのことを、体験的に知っているのです。

かつて、フリブールからマルリーまで歩いて行った時のことです。サリーヌ川に架かる橋を挟んで、二つの町は分かれていますが、その橋は〝自殺の名所〟として知られています。橋の真ん中で、じっとしたまま遠くを眺めている人がいました。私は胸騒ぎがしました。それで彼に近づき、言いました。「どうしたんですか？　心配です。そこから離れましょう」。彼は当惑し、言い出しました。「飛び降りたいんだ」。私は彼の腕を取って引っ張りました。人々が集まり始め、誰かが警察を呼びました。彼は私に従い、橋を離れました。幸運にも、彼と一緒に川に飛び込むことにはならずに済みました。救急車が到着し、精神科の病院へ連れて行きました。私も追って病院に向かいました。しかし何週間か後、彼は病院から抜け出すと、すぐさまあの橋から飛び降りて自殺してしまいました。

あの時、本人の意思に反して彼を救った行為は、果たして善いことだったのでしょうか。私にはその答えを見出せません。少なくとも、彼は家族に別れを言うことはできました。私がその機会を与えたことだけは確かです。その意味では、善いことをしたのかも知れません。一方で「この人が回復して、再び生きる喜びを見出すことができる方法もあったのではないか」と悔やまれるのです。

私がさまざまな企画を立ち上げることができたのは、素晴らしい人たちに囲まれたおかげです。12歳の頃の私は、神父から性暴力を受けたことで心が砕けていましたが、その後立ち直ることができました。教会を離れることがなかったのは、教会の価値観が、私のそれと同じだったことと、そこで多くの素晴らしい出会いがあったことによります。私は、教会の定める道徳観を尊重します。時々、それを破る人がいるというだけです。誰かが守らなかったからといって、それは教会の道徳的価値を何ら損ねるものではありません。社会生活の中で守るべき道徳的基盤をもつのは大切なことであり、私もそれを守ってよりよく生きようと思っています。

自分の人生を台無しにするのは、簡単なことです。しかし、やり直すことは……　傷を負わされた人の中には、その傷跡が残ってしまうのです。さまざまな人がいて、その多様性が一つになるのは素晴らしいことです。そのような社会であれば、大きな困難にある人もよい方向に押し出され、より楽に困難から逃がれることができるはずです。

私の人生には、幾度となく障害が立ちはだかりましたが、その度に誰かに救われてきました。私を信じてくれる人たちがいたからです。私は、性暴力の犠牲者となってしまったことで、もはや普通の人間ではなく、全身が泥まみれで汚れ果てていると思っていました。何より、独りぼっちでした。性暴力を振るう神父を拒否できない無力な自分を恨みました。「ノー」と言えなかったことが、恐ろしい結果を招くことになりました。しかし、『人には、欠けてしまった愛を取り戻す機会が、必ず訪れる』と私は思っています。私には、私を信じ受け入れてくれた人たちがいました。彼らのおかげで、私は孤独感を味わうことがなくなりました。彼らが、欠けてしまった愛を補ってくれたのです。

辛い人生を、そのまま受け入れるのは難しいことです。ですので、他人の目になって自分自身を見ることが必要です。そうでなければ、自分の人生をよく知ることができません。

私は今、自分自身をうまく表現できない人の代弁者になっていることを感じます。そのような人たちが私を信じてくれるのは、私が彼らの目になって物事を見ることができるのを知っているからでしょう。私が犠牲者の目で見ているということが、彼らを安心させるのだと思います。私の中に〝自分自身〟を見ながら、彼らは自らを修復していくのです。


厳しい試練を克服した人は、他人に与えることで自分の苦悩を昇華することができるのだと思います。自分にある良い部分を他人に与えることによって、自分自身を元どおりにすることができるのです。トラウマによる傷がどれほど深くても、それによって生きることが妨げられるものではありません。

どんな苦しい経験をした後であっても、自分の人生の主役になることができるのです。私は、毎日祈りを欠かしたことがありません。この祈りこそが大きな慰めであり、生きる力の源泉なのです。私一人では何もできません。私たちは、人生の中で何度か決断を迫られる場面に遭遇《そうぐう》します。それは「神の摂理」だと思います。ですので、この時を前向きに迎え入れることが重要です。

一般的に、決断のときが来るのは、良いことの前触れである場合が多いようです。私は、助祭になりたかったのですが、司教が認めませんでした。その時は落胆しましたが、後になってよく考えれば、それが正しかったと思えるようになりました。私は首輪のない犬のようで、どこにでも入り込んで行ってしまう性格です。助祭は、自分の共同体の仕事に専念しなければなりません。

私には、範囲が限定された仕事をこなすことが難しいのです。いつも自由でありたいのです。さらに、私は結婚していますから、助祭になれば妻がその仕事を手伝うことも多くなるでしょう。ヴァレリーは、極めて自立した女性なので、集団の中で行動することをあまり好みません。自分だけで考えをまとめ、深めてゆくやり方を好みます。そう考えると、私はとうてい良い助祭にはなり得なかったことが分かるのです。

ある女性との出会いについても話しておきたいと思います。その女性の、決して希望を失わない生き方から、私は生きる勇気と力を与えられました。私がその女性、ロズリーヌ・ドゥ・ショーレと出会ったのは、彼女が91歳で、人生の終わりをそろそろ迎え始めようとしている時でした。

彼女の友人だった同僚の女性が、私にある願いを託していました。「もし私がロズリーヌより先に死ぬようなことがあったら、彼女を定期的に訪ねてほしい」。私はそのとおりにしました。最初にロズリーヌを訪ねた時､彼女は私をあまり歓迎しませんでした。私が同僚と約束したこと、しかし望まないならば2度と訪れないこと――を告げると、彼女は言いました。「帰らないで」。

こうして彼女と会ううちに、彼女がとてつもない女性であることが明らかになります。生来、とても控えめな女性でしたが、次第に心を開き、彼女の人生の一部を私に話してくれるようになりました。彼女はチューリヒ・レイノルド家という貴族階級の出身で、フリブールのペロレス城で生まれ育ちました。ロズリーヌは、父親を知りません。１９１４年、第一次世界大戦が勃発して3日目に父親が殺されたからです。父親の残したカードを見せてくれましたが、そこには、私の心を大きく揺すぶる言葉が記されていました。「もう二度と会うことのできない娘に口づけを。愛していると伝えてほしい」。

私はロズリーヌに、司祭から性暴力を受けたことを話しました。彼女は、私を抱きしめると深いため息をついてひとこと「かわいそうなダニエル」とだけ言いました。それきり、この件について話すことはありませんでした。貴族として受けた教育により、個人的な出来事に対しことさらに思いを述べることを好まなかったのでしょう。思いは「言葉」ではなく「態度」で示してくれました。

私は、97歳で亡くなるまでの6年間「神の摂理」に従って、週に2度彼女を訪問しました。ロズリーヌと定期的に話をしたことで、私は3度目の鬱病の危機を乗り切ることができました。数奇な生涯を送った彼女ですが、決して人生を嘆くことはありませんでした。彼女の、前向きに困難を乗り越えようとする態度に触れ、私は自分に欠けていた活力を養うことができました。強く、うろたえることのない彼女と会うことで、生きる力を取り戻しました。私は実に6年もの間、彼女に支えられたのです。決して自分の不遇を悲しまない、まことに高貴な女性でした。

私がこれまで出会ってきた人たちは、ジョエル・アラス神父を除いては皆、信頼できる善人ばかりでした。おそらく「常に良い出会いを求める」という生き方を、母から受け継いだ結果だと思います。それは、母が貧しかった当時からしていたことでした。

今、私は『自分のさまざまな面を人に知られてしまった』と感じています。自分の過去を説明し、身の上に起きたことを話し、話せなかった理由についても明かしました。地元の教会とカプチン修道会からは、損害賠償金を受け取りました。それは、私が心身を回復させるために必要と判断されたからです。２００４年には、やっとのこと、私を暴行したアラス神父から、最初の詫び状を受け取りました。そして今、こうしてこの本を書いている時にも、彼には自発的な詫び状を求めています。彼が治療を受けていることを知っています。それで少しは安心しています。彼が、これ以上悪事を働かないことを祈っています。私は信仰を保ち続けました。それは、私の〝神を求める心〟だけは壊されなかったことの証明です。

コルプス・ドミニ――つまり、復活祭の60日後に行われるキリストの聖体の祝日ですが、この祝日との長い関わりについてもお話ししておきましょう。

この祝日の典礼は、聖体祭儀に続いて行われ、聖別されたパンが行列とともに聖堂の外に出されます。こうして信者たちは、自分の信仰を公のものとするのです。フリブールでは、この祝日が町の起源の日となっていて、記録では１４２５年以来、途切れることなく、毎年町の中心街区で長い聖体行列が行われています。それらは、教会をはじめ市民団体などさまざまなグループによるものです。国の機関、市、教区、兵隊、ブラスバンド、コーラス、大学、教職員、学生グループ、小中学校、専門学校、スカウト、初聖体を受ける人、外国の機関、などさまざまで、数え上げたらきりがありません。フリブール州参与のアラン・ベルスの言葉を引用します。「コルプス・ドミニの祝日は、この町の信仰の根幹を証《あか》しするもので、カトリック教会とフリブール市民との長い関わりを物語っている。教会が培ってきた価値に対して、感謝を捧げる機会でもある」
私は１９６８年に、侍者として初めてコルプス・ドミニに参加しました。アインジーデルンから戻った時、60年来この祝日の責任者を務めているアンドレ・ムヌーから「この機会に、祭の中心となる仕事をしてみてはどうか」との提案がありました。私はそれを受けました。最初の年はコルプス・ドミニの旗を持ち、次の2年は移動天蓋の4つの柱の一つを受け持ち、4年目には祭の実行委員に選ばれました。アンドレ・ムヌーから直々に教わり、その時から25年以上にわたってこの大祝日を運営する仕事に携わっています。この魅力的でやりがいのある仕事は、同時に、私の社会生活を豊かにしてくれました。ある意味、人生のやり直しの好機となったのです。多くの人たちと知り合い、町のために役立っていると感じることができました。

正式に告発した後、私は深刻な鬱に陥《おちい》り、その時関わっていた仕事や務めがほとんどできなくなりました。しかし、そのような中、２００８年なって私は「聖体賛美」を行うことを決めました。なぜでしょうか？　その数年前に「聖体兄弟会」の創始者、ニコラ・ビュテ神父と出会っていました。彼は聖体賛美を「イエスという太陽にさらされること」と形容していて、この言葉がずっと私の心に残っていたのです。私は『自分はイエスという太陽で温め直される必要がある』と感じました。具体的には、聖体を聖櫃《せいひつ》から出し、小さな箱に収めて顕示《けんじ》することです。聖体顕示台に向けて小さな灯りを置くと、四方の壁に影が映し出されます。こうしてイエスが現われるものと私は信じています。毎週土曜日の朝には、聖堂で他の信者らと一緒に1時間かけて祈ります。

沈黙の中で『周りの人たちと良好な関係を保ち物事を実行するため、私を照らしてください』とイエスにお願いします。世界中の困難にある人たちのためにも祈ります。いつも何人かの人たちを頭に浮かべ、彼らのために祈っています。その後、その日と日曜日のミサの聖書朗読箇所を読みます。それが終わると、聖体を元に戻し、聖母に歌で祈りを捧げます。

聖堂を後にすると、心が洗われています。それでも私は、8年の間砂漠を彷徨《さまよ》っていました。ある日私は、末の子で障害のある娘を聖体賛美に連れて来ました。娘には、イエスや聖母がどのような人なのか話して聞かせました。そして、祈りは沈黙の中でするだけではなく、望むなら一緒に声を出してすることができることも教えました。娘は大きな声で祈り始めました。彼女の祈りを聞いていると『聖母がこの子の祈りを聞き入れないはずがない』と思えます。こうして娘は7年間、私と一緒に祈ったのでした。

7年という数字は、ある意味象徴的な数字です。そのようなわけで私は、ある土曜日の朝、イエスにこう話しかけました。『私はここに7年間通って、ずい分と回復しました。ですので、今度はあなたの役に立ちたいのです。私に何かを示してください』。2週間後、再び教会に行くと、ある考えが浮かんできました。それは、私を助けてくれた修道者たちについての本を書くということでした。

私を助けてくれた修道者——その人たちは皆、人生をイエスに捧げた聖職者です。数日後、教皇が「２０１５年を奉献生活者のための特別年にする」と公表しました。この偶然の一致は、信じられないくらいあまりにも出来過ぎでした。私はすぐに動き始め、ウルスラ会のスイス管区長だったアンヌ・ヴェロニク・ロッシに、本のことを相談しました。２０１４年のことでした。
シスター・アンヌ・ヴェロニクは知性あふれる女性で、奉献生活について一連の証しをまとめるのがよい、と教えてくれました。私たちはインターネットのサイトを作り、スイス・ロマンドの80の共同体に向けて協力を要請しました。最初の頃は、あまり良い話が来ませんでしたが、辛抱強く待ち続けました。シスターは、仲間を説き伏せ、彼女らの奉献生活を証しするようお願いして回りました。「そうすることが宣教につながる」と説得したのです。少しずつ、私たちのもとへ原稿が届くようになりました。それは特に、カルトゥジオ修道会や、シトー会のシスターたちによるものでした。これは素晴らしい出来事の前触れでした。証しの質が高かったことで、計画が軌道に乗ってきたのです。

私には時々あることなのですが、ある日突然、あまりにもばかげた考えが頭に浮かびました。前述のように教皇は２０１５年の「奉献生活者年」を宣言しました。それならば『教皇に本の序文を書いてもらおう』と思ったのです。私はすぐに、友人でスイス衛兵の前隊長ジャン・ダニエル・ピテローにコンタクトを取りました。すると彼は、教皇秘書のグィレルモ・カルケール神父に連絡するよう言ってきました。果たして、カルケール師は私の考えに興味をもってくれました。２０１５年は奉献生活者の特別年でしたが、聖座は、このテーマに関する特別な出版物を用意し

2016年6月16日、フランシスコ教皇に個人謁見する著者
©L'osservatore Romano 2016

ていなかったのです。カルケール師は私をローマに呼び、教皇と会う手はずを整えてくれました。

本は魅力的なものでした。教皇は、分かりやすくシンプルで、信者の目線に近い一連の証しを、とても高く評価してくれました。しかし『奉献生活』というタイトルが気に入らなかったようです。私は、教皇の意見を伺いました。「何か良い考えがおありですか？」。すると教皇は、おもむろに言いました。「愛するとは、全てを与えること」。その素晴らしい一節は、リジューの聖テレーズ[※30]の言葉でした。

教皇フランシスコは大満足で、翻訳の有無と、翻訳版を出す気があるかどうか尋ねてきました。「私にはその気があります。しかしお金はありません……　どうすればよいでしょうか？」。すると教皇は、意味深長に「使徒ヨハネ[※31]……」と答えました。翻訳となれば、教皇が世界的な規模で本の販売キャンペーンを行うことになります。しかしバチカンは、100分の1だってお金は出せないのです。お金を集めるのは私たちの仕事であり、ネットワークを広げ、世界中から寄付を募れということでした。何とも常軌を逸した話です。

すぐにシスター・アンヌ・ヴェロニクに連絡を取り、翻訳者を探し始めました。教皇は当たり前のように序文を書くことを承諾し、本を手にした写真を載せることも了承してくれました。表紙の半分近くを占める教皇の写真は、いかなる宣伝よりも大きな価値をもつことになりました。

さらに、信じられないような話があります。私たちの本が「奉献生活者年」を代表する一冊となったのです。教皇の一般謁見の折にサン・ピエトロ広場で配布されました。2015年9月16日のことでした。そこで10万部が配られたのです。本は11の国の言語に翻訳され、100万部が世界中に無料で配られました。私たちは狂喜乱舞しました。

また、この小さな本は、2016年にクラクフで行われた「ワールドユースデー」のハンドブックともなりました。アフリカ、アジア、アメリカでも無料で配布されました。集められた証しからは、深い喜びと希望が湧き上がってきます。現代社会に欠けている「清貧・貞潔・従順」という三つの誓いによる人生の物語は、奉献生活の素晴らしさを余すことなく伝えているのです。

これら、冒険というべき企画が実現したのはどうしてなのか、自分でも分かりません。おそらく聖霊の力が働いたのと、成り行きに任せたのが良かったのでしょう。私自身は、いつもどおりに動いただけでした。今、私は、振り返りのためにアテナゴラ大主教の言葉を噛みしめています。

――「もっとも厳しい闘いは、自分自身に対してのものである。自分自身から武器を取り上げる必要がある。私はそのような闘いをしてきた。長いことずっと。恐ろしい戦いであった。しかし、今、私は武器を捨てた。不安は全くない。愛が不安を消し去ったのである。

私は、敵に対して自らを戦いに値しない者とする強い意志によって武器を捨てた。私はもはや守る必要がなく、私にはうらやまれるほどの豊かさが根付いた。

受け入れ、分かち合う。特別な考えや計画があるわけではない。

最高のものがあれば、喜んで受け入れよう。別に最高のものでなくても構わない。

私は、比べることをやめた。どれもが良いもの、本当のもの、現実のものであり、それらがどこにあっても、私にとっては構わないのだ。

※30　Thérèse de Lisieux（1873 – 1897）フランス出身の修道女。「幼きイエスの聖テレジア」とも「小さき花のテレジア」とも呼ばれ、教会博士として世界で最も崇敬を集める聖人の一人。
※31　教皇フランシスコはこの時、イタリア語で《San Giuseppe...!》と答えている。使徒ヨハネは、伝統的に福音記者とされることから、出版業者や作家の守護聖人となっている。

私がもう不安を感じない理由はこうである。

何も持たなければ、不安はないのだ。

武器を捨て、何も持たず、人となった神に心を開けば、神は全てを新たにし、過去の汚れを消し、大きな可能性に満ちた新しい時を代わりに与えてくれるのである。」——

私は、まだ完全に解放されているわけではありません。しかし、そうなればよいと思っています。あるいは、それは死を迎える時になるかもしれません……

この冒険を通して、私は教皇フランシスコという人を知りました。限りない温かさに満ちた人です。教皇と話す機会を得るようになり、私は、自分が一人の司祭に性暴力を受けたことを打ち明けなければならないと感じるようになりました。教皇は、かなりの衝撃を受けたようです。そして、ヨハネ・パウロ2世のように、いつくしみ深い目で私を見つめ、こう言いました。

「私たちは、同じ恵みを受けている。2人とも、信仰をもっている」

私が生きていくために、手を差し伸べてくれた、忘れられない瞬間でした。

立ち上がった男

今、私は、本来の自分になれたことを嬉《うれ》しく思っています。それは、高い道徳観によって私を育ててくれた母と祖母のおかげでもあります。2人は、私が守るべき規範を教えてくれました。祖母は、道徳的な性格をもった諺《ことわざ》をよく口にしていました。たとえば「少し盗むのも多く盗むのも、盗みに変わりなし」などです。このような短い格言が、生きて行く上での助けとなりました。祖母は亡くなる少し前、聖体を拝領した後で、涙ながらに私に言いました。「常に誠実であること。約束してくれるかい？」。さらに「神様がお与えくださった信仰を失わないように」と続けました。私は、事あるごとに、この祖母の言葉を思い起こします。私の人生を照らす〝ともしび〟です。そして、ありがたいことに、実際にその言葉に従って生きることができています。

私は、常に人を頼って生きてきました。あの頃も、ミサの間『誰かがこの地獄を終わらせてくれますように』と祈っていたものです。それが実現するにはしばし待たねばなりませんでしたが、ある日、大叔母が仲介してくれて、私の人生は救われたのです。

大叔母の他にも、私を正しい道に戻してくれた人との出会いがたくさんありました。私の人生は〈私に救いをもたらしてくれる人との出会い〉の連続でした。彼らは、私がもっと強くなり、本来の自分になれるように手を差し伸べ、助けてくれました。彼らのおかげで、私は強い心を身に纏《まと》うことができたのです。

しかし、今でも私は何らかの支援が必要です。仕事を失う不安はいつもあります。鬱《うつ》になって、頭が働かない状態になるというリスクを常に抱えているからです。また、私は脊椎側湾症《せきついそくわんしょう》があり、常に装具を着けていなければなりません。それを忘れてしまうと、体が曲がったままで危険なことになってしまいます。

このように、毎日が闘いではありますが、過去のことも含めて、私は自分自身に満足しています。苦しむことだけが人生ではないのです。毎朝起きると『今日の自分には何ができるか』『人のために何ができるか』を考えます。私は、常に何かに関わってなければ気が済みません。そうでなければ、私の人生は意味を成しません。赤十字のボランティアもします。困っている人を助けたいのです。

私は心にも体にも深い傷を負っていて、その現実からは逃がれることができません。生きていく限り、それらと闘わなければならないのです。たとえ傷口は塞《ふさ》がっても、完全に癒されることはないでしょう。このような状態と、上手に折り合いをつけて行かなければなりません。私は、日々起こったことを振り返り、忘れないように日付を確認し記しています。それは、自分がこうして本当に生きていることの裏付けとなるものです。

確かに私は弱く、折れた葦のようで、身をもたげては倒れ、気を取り直して起きる——を繰り返しています。しかし、そんな弱さの中にも、大きな力があることを感じています。それは容易に砕けるものではありません。

私の基盤、私の支えは「熱中すること」です。しかし何かに熱中している間でも、悲しみが暴力的に襲って来るときがあります。気持ちが下降気味になり出したら、ベッドで寝るだけです。

そうすることで充電され、前向きな気持ちになれます。

苦しみに耐えるには、誰かに話を聞いてもらうのが一番です。そうすることで、苦しみを相対的に見ることができるからです。同じ苦しみの中にある人たちとそれを共有すれば『辛いのは自分だけではない』という慰めを感じることができます。しかし、不思議に思われるかもしれませんが、私は他人の苦しみに寄り添うよりも、自分の苦しみを見つめる方が性に合っているようで、自分の苦しみを他者と交わすことはあまりないのです。私は「苦しみ」を飼い慣らしてしまったのでしょうか？　分かりません。しかし、その可能性はあります。


いずれにしても、私はある意味、運命論者になっています。自分が冷徹であることを感じます。しかし、誰もがそれぞれの人生をもっています。私の子供たちについても、良い人生が送れるように可能な限りのことをするだけです。あとのことは「神様が何とかしてくれる」と信じています。

私は、人にも物にも固執しません。踏みにじられ、亀裂だらけの私の人生には「執着する」という心が欠けているようです。確かに私は、何かを試してみるということをしない子供でした。しかも私という人間には〝土台〟が欠けていて、自分をまるで「さすらい人」か「放浪者」のように感じてしまうのです。しかしこの「固執しない」ことのおかげで、何とか生き、苦しみに耐えることができています。逆説的ですが、これは本当のことです。

財産に対しても執着しません。いつの日か子供たちが成人したら、私たちのような子供の多い家族に家を譲りたいと思っています。

私は、人生が移ろいやすいことをよく自覚しています。私たちがこの世にいる時間は僅《わず》かであって、その間に果たすべき私の仕事は「誠実な人間でいること」です。それは、人を決して見捨てず、とりわけお世話になった人たちを裏切らないことです。自分の弱い部分を知っていますから、落ち込んでしまわないように必要なことをしています。

司祭から性暴力を受けたことは、映画の一場面のように記憶に刻み付けられています。それらは保存され、人生の中に今でも残っています。ですので、何かの拍子に再び蘇ってくることがあるのです。

私は、真実だけを述べてきました。私が被った性暴力を公に話そうと決めてから『もっと話したい』という思いを感じるようになりました。性暴力を受けた人たちと関わる機会も少なくありません。

つい最近、バチカンに行った時の出来事です。お願いしたいことがあって、ある人と会い、話しました。分別をわきまえた人と直感したので、彼に私の人生を話しました。いきなり、司祭から性虐待を受けたことを話してしまったのです。彼は倒れんばかりに驚いて、こう言いました。「それ以上辛いことはありません。同じことを経験したので、よく分かります」。彼はさらに「あなたは同性愛者ですか？」と尋ねてきました。「いいえ、違います。結婚していて子供が6人います」と私は答えました。彼は私に、バチカンの中にあって「同性愛者という事実に苦しんでいます」と打ち明けました。そして、それが彼にとって「いかに辛いことであるか」を話してくれました。私は、彼のことを一生忘れないだろうと思いました。なぜなら、彼は心を開き、あたかも兄弟のように私を信じて話してくれたからです。

同じように苦しんだ人と出会った後には、心が慰められていることを感じます。今や、こうして私の身の上に起こったことを話すことは、タブーではなくなりました。バチカンに行けば、状況がゆるす限り私の経験を話すことにしています。なにしろ、教会と関わったことが原因で苦しむようになったわけですから。しかし、それでも私は今、2本の脚《あし》でしっかりと立っています。そして、苦しみがあっても生きていくことは可能であり、何よりも教会を愛せるということを自ら示していきたいと思っています。

教会の内側に向かって語ること、特に高位聖職者と呼ばれる人たちに繰り返し話をすることは、言うなれば借金を返させるようなものです。なぜならば、彼らの中に、児童性愛者が少なからずいることを知っているからです。私には分かります。そのような人には、自分自身のことをよく考えてほしいと思います。そして、一人の犠牲者がこうして口を開いたということは、もはや彼らが、これまでのように守ってはもらえないということだと、肝に銘じてほしいと思います。

時折、私にこう言ってくる人がいます。「アラス神父なら、何年も前に亡くなっていますよね？」。私を凌辱《りょうじょく》した司祭が生きていると知ると、彼らは黙り込んでしまいます。聖座に近い人たちの中にも、私の行動を応援してくれる人がいます。事を公にしようとする私を「勇気ある者」と見なしてくれているようです。

ローマに赴くことは私にとって大きな励ましになっています。たくさんの強い味方のいる教会は、私にとって家族と同じなのです。実際には、私はたった一人の児童性愛者と出会ったに過ぎません。一つの腐った蜜柑《みかん》が他の蜜柑を腐らせてしまうのは事実ですが、籠の中の腐った蜜柑だけを見るべきではないと思います。

人生におけるあらゆる出来事や出会いは、私には「神の摂理」と思われます。うまく説明できないのですが、良くない事がかえって私を成長させてくれる道に導いてくれたように思います。私は、自分が人生で何をすべきか、守るべき価値は何か、どこに向かって歩むべきかについて考える事を余儀なくされました。これまで味わってきた苦しみは、起こった出来事すべてを受け入れることの大切さを教えてくれました。そう考えることで、私は自分が役に立たない存在だと思うことをやめ、素直に人の助けを受け入れることができるようになったと思います。

私が最初に入った施設は「摂理の家」という名で、修道会によって運営されていました。そこで私は「しるし」を、つまり神の「しるし」を見たのです。私は、人生の節目節目でこの施設と関わってきました。祖母が最期の時を過ごしたのもこの施設でした。母もそこで療養し、私自身もお世話になり、シスターたちに可愛がられました。自分の人生と分けて考えることはできません。迎えられ、聞き入れられ、守られ、愛を与えられた場所です。神の「しるし」と言う以外、適当な言葉が見つかりません！

神父さま、あなたをゆるします

２０１６年11月12日は、私にとって特別な日になりました。その日私は、私に4年の間性暴力を加えた男と再会したのです。１９７２年以降、一度も会ったことがありませんでした。そのつい2ヵ月前までは、自分を弄《もてあそ》んだ男と向き合う力が、私にあるとは思ってもいませんでした。それにもかかわらず、私は、心の奥底で感じていた再会の必要性を認めるに至りました。私の人生においては、時おり、このような心の変化が起こることがあるのです。

その頃の私は、しばらくベッドに臥せっていて、気持ちが落ち込み、空虚で、大切な約束をキャンセルすることさえままならない状態でした。そんな気分を変えたいと思い、本棚から1冊の本を手に取りました。リジューの聖テレーズについて書かれたものです。読んでいるうちに『物事は予想どおりにいかなくても良いのだ』という気持ちになりました。

その後、苦しみは和らぎ、自信を取り戻したことが実感されました。そこで改めて、ジョエル・アラス神父のことを考えてみました。すると、目の前に一本の確かな道が開けたのです。気がつくと、彼に会う心の準備が整っていました。

私は7月に作られた報告書の（あとがき）を、何度も読み返しました。あの男と再び会うのです。さすがに1人で会うことは躊躇われたので、シャルル・モレロ司教とミシュリーヌ・レポン氏に相談しました。２人はその夏の初め、ジョエル・アラス神父と会っていました。

そして、司教が面談を取り付けてくれました。

不思議なことに、神父と会う前の数日間、私はまったく不安を感じませんでした。祈ったり、神父の証言を読んだりしてその日に備えました。

私たちは朝早く修道院に到着しましたが、すでに空は明るくなっていました。修道院の中庭を通り抜け、聖堂に向かいました。まずは祈って心を鎮めます。ローソクを灯《とも》し、大切な人たちの顔を思い浮かべ、彼らのために祈りました。それから聖堂を出て、玄関のベルを鳴らしました。修道院長が出迎えてくれました。彼は私たちを食堂に案内すると、コーヒーを注《つ》いでくれました。

こうして、ジョエル・アラス神父の登場を待ったのです。

すぐに私は、その場を満たす穏やかな雰囲気を感じ取りました。他の司祭や関係者らがやって来ました。彼らは私たちに挨拶すると近くに座り、各々がクロワッサンやビスケットをつまみ始めました。誰も司教の存在に気づいていないようでした。

私は、いくらか気分が落ち着きました。ちょうどアインジーデルンの修道院か、あるいは自宅にいるのと同じような、大きな家族の中にいて皆で楽しくお喋りしているような、そんな寛《くつろ》いだ雰囲気でした。これから何年間も私に性暴力を加えた張本人と会うというのに、そのような感じがほとんどしませんでした。

突然、食堂の扉が開きました。反射的にそちらを見ました。入り口に小柄な男性が、身動きせず立っていました。私は、それが誰なのか分かりませんでした。しかし『彼だろう』と思いました。そろそろ現われる頃と思っていましたし、私たちのテーブルに真っすぐ向かって来たからです。

私を虐待したあの男でした。私は立ち上がって彼の傍に寄ると、何も考えずに手を差し出していました。「こんにちは、神父様」と言っている自分がいました。男はおぼつかない足取りで、大儀そうに歩いて来ました。なんとも説明し難いのですが、彼はぼんやりと訝《いぶか》しげに、そして不安げに私を見て、椅子に腰を下ろしました。修道院長が私たちの間に座りました。おかげで、彼と直接目を合わせずに済みました。

　後になって、その場に立ち会った関係者たちはこう話していました。

「ジョエル・アラス神父は、当惑している様子だった。禁じられていることを知っていながら鍵穴からこっそり覗《のぞ》いている子供のように、秘かに、しかし素早く君を観察していた。あの執拗でつかみどころない視線の語るところは何だったのだろうか。幼かった君の面影を見出そうとしていたのかもしれない。面談を要求してきた君のしっかりとした態度を見て驚いている様子だった。彼の印象を表現するのは難しい。しばしば現実から遠ざかるように、じっと考え込むこともあった。事件から44年たって、性暴力の加害者が当時の犠牲者を見る時、何を感じるものなのだろうか」

　信じられないような再会でした。〈豚のように丸々と太り、大きなペニスをぶらぶらさせ、私を全身で押し倒し、タバコ臭い汚れた舌で私の口を塞《ふさ》いでいた大きな男〉はそこにはいませんでした。憎きあの神父は、どこへ行ってしまったのでしょうか。私の体を舐《な》め回し、口の中にあれを入れてきた司祭と対面することを、私はずっと恐れていました。嫌悪感と、もし彼に会ったら精神の均衡が砕けてしまうのではないかという不安を、長い間抱き続けてきたのです。

　今、私の目の前には、まったく生気の感じられない男がいます。とても幸せそうには見えません。

私は、このちっぽけで触れたら飛んで行ってしまうのではないかとさえ思われる男の前で、悠々と自分の足で立っています。私は自分に言い聞かせました。『恐れることはない！』。『この弱々しい男が自分をあんなに苦しめたのだ』と考えると、少し不思議な気がしました。過去の出来事と現在の彼の姿の間に、大きなギャップを感じました。しかし、心は少しも動かされませんでした。もはや〈彼が犯罪者であること〉すら感じませんでした。今の私は、もう彼の玩具《おもちゃ》ではないのです。

彼にされたことを、再び思い返すつもりはありません。私は自分の生き様《ざま》をよく知っていますし、彼の餌食になった何十人もの子供たちの運命も知っています。そして彼もまた、自分のしたことを知っていてこの場に臨んだのです。

アラス神父にとって、私との再会は救いだったかもしれません。〝性的関係なし〟で私と会えたという事実は、彼をほっとさせたことでしょう。しかし、子供たちに加えた性暴力が〈いかに恐ろしいことであったか〉を、彼が理解しているとは思えませんでした。彼は子供に対する性の亡者であり、それが露見する危険がまったくない閉ざされた環境の中で、子供たちを食い物にしていたことを、これっぽっちも悔やんではいなかったはずです。人々がそれに気づき非難するようになって初めて、恐くなり不安を感じるようになったのです。しかし、それでも彼は性暴力をやめることができませんでした。

私が再会したのは、なんとも貧相な男でした。彼は本来あるべき〝普通の人〟の姿に戻っているようにも見えました。何かよく分からない作用が働いて、彼自身が犠牲者になってしまったのでしょうか? 彼は二重人格者ですが、その内の一人が機能停止に陥っているようにも思えました。『こんなにも穏やかな雰囲気の老人が、あんなに大きな罪を犯したとは信じられない』という気持ちもしました。その矛盾に戸惑いを感じました。被害者の私でさえ当惑したのです。なんとも、名状し難い気持ちでした。

今、私が彼と再会できているのは、これまで長く辛い道のりを歩んできた結果です。もしかすると私は、彼に対して〝あわれみ〟のようなものを感じてしまったのでしょうか。いいえ、そうではありません。決してそのようなことはないのです。弱々しい彼を見たからといって、私が被った苦痛がほんの少しでも和らぐものではありません。

しかしながら眼の前の、打ちひしがれてしまっている彼を見ることが嬉しいわけでもありません。気づいたのは、私を犯し続けた彼に対して何の感情も湧かなかったことだけです。私は彼との関係のすべてを周囲に語り、そうすることによって清められました。この再会は、私が歩み続けていく上で必要な道程の一つに過ぎません。この日私たちは、性暴力について振り返ることはしませんでした。彼にそれを望んでも無駄なことでした。自分の性癖についても、私に対してしていたことについても、ひとことも触れませんでした。反省の言葉さえありませんでした。もしそれを口にしたとしても、それは自分の心に対してであり、犠牲者に対する良心の呵責など微塵も感じていないに違いありません。彼に自分の気持ちを言い表わすよう強いなかった理由は、そこにあります。これは私の問題ではなく、彼の問題なのです。

彼は、辛い子供時代を送っていました。醜く太っていて、周囲からほとんど好かれていなかったようです。子供時代に嫌われ者だった人間は、大人になると子供に対して攻撃的になることが多いのです。彼は、子供を服従させるため、子供と関係を築くために、性暴力に頼っていた弱い人間なのです。

最年長の犠牲者は、今、68歳になります。これは、ジョエル・アラス神父がまだ司祭になっていないうちから性暴力を振るっていたことを証明するものです。

最年少の犠牲者については〈アラス神父がもはや裁かれたり罪に問われたりすることはないだろう〉という理由から、今なお、誰も名乗り出ないままです。

再会した日から何日かたって、私はアラス神父の手紙を受け取りました。

「ダニエル、ありがとう。

私たちのことは、言われているように、今後どの方向に向かうべきなのか分かりません。しかし、前進していることは確かで、出口はそれほど遠くないと思われます。

ありがとう、ダニエル。ジョエルより」

私は彼の謝意に当惑しました。特に、「しかし、前進していることは確かで、出口はそれほど遠くない」という件《くだり》は謎でした。自分自身の贖いのことを言っているつもりなのでしょうか？　あるいは問題の解決が近いとでも？　まったくもって、不思議で理解に苦しむ人です。

——そして今、時が過ぎ去り、もはや彼を責める気持ちはありません。心の中には、いつもイエスの言葉があります。「罪を犯したことのない者が、まず、石を投げなさい」。私は、自分の中で〈いつくしみの心〉が育ったことを感じます。ジョエル・アラス神父に対して、いかなる憎しみも抱いてはいません。

彼の説教は子供心にも素晴らしいものでしたが、私は同時に、それが完全に偽善であることを知っていました。説教をしている彼の姿は〝太った裸の豚〟にしか見えませんでした。ある時（それは聖母の被昇天の祝日でしたが）、彼はミサで感動的な説教をしました。涙を流す人さえいたほどです。しかし彼は、すべての会衆を裏切っていたのです。ミサの後いつものように私を暴行したのですから。彼は、間違いなく病んでいました。

私が彼を恨んでないことが信じられないという人も多いでしょう。しかし私は彼をゆるしました。そして、そのゆるしの上に新しい人生を築いたのです。

付け加えるならば、私は自分の人生をそれほど悔やんでもいません。トラウマは私の財産です。それがあったおかげで、これまで出会った人たちを傷つけずに済んでいるのです。生きていくために、私は自分の人生を受け入れました。なぜかは分かりませんが、そうしたのです。

私は、イエスから愛されていると思っています。そして、聖母からも。12歳の時、私は聖体の前に跪《ひざまず》き、こう祈りました。

「主よ、私はあの気の毒な神父様をゆるします。神父様は二重人格なのです。自分ではどうすることもできないでいるのです。でもどうか、神父様から解放してください」。

私は泣きました。昨日のことのように思い出されます。「ゆるす」ということは、当時の私には「犯した罪によって人を恨まないこと」を意味していました。

私はしばしば、この「ゆるし」について自問してきました。『まだほんの小さな少年だった自分が、彼を本当にゆるしていたのか』ということです。ゆるしの後には、何が残るのでしょうか。それは「事実」です。ゆるしは、人を裁くことでも、刑を課すことでもなく、といって、問題を帳消しにして正当化することでもありません。ですので、ゆるしの後には「事実」だけが残るのです。

ゆるしを別な観点から考えてみます。ゆるしは、負った傷も、被った苦しみも消し去ってはくれません。ゆるしが意味するのは、私を暴行した者を〝一人の責任ある者〟として見ることです。

ゆるすことができたおかげで、私はもはや『彼との間に何らかの関係がある』と感じることはありません。彼に影響されることはなくなりました。ゆるしは〈彼との間をつなぎ、生きにくくしていた鎖〉を断ち切ってくれたのです。

私は今、彼と再会できて良かったと思っています。彼に会ったことで『もはや彼とは関わりがなく、憎しみも復讐の意図もない』という自分の胸の内を知ったからです。このことから私は、ゆるしは「他者を非難するという意味合いをもたないもの」と思うのです。私に関しては、彼をゆるすのに、それほど時間が必要ではありませんでした。うまく説明できないのですが、こうして私は、再び非難することなく彼をゆるしたのです。もしかすると、子供特有の〝心の素直さ〟のようなものを私はもっているのかもしれません。

11月に目の前で彼に会っても、私の心は変わりませんでした。この本のタイトルである『神父さま、あなたをゆるします』には、全く偽りがないのです。もはや彼に対して、いかなる感情もありません。私は、彼をゆるしたのです。

私の心は、今、晴れやかです。

あとがき（ジョエル・アラス神父との面談記録）

面談に至る経緯

一連の状況を経て、ジョエル・アラス神父と面談を行うことになりました。教皇フランシスコがダニエルに「彼ともう一度会う勇気はありますか？」と尋ねたことがそのきっかけです。その少し後、ローザンヌ・ジュネーブ・フリブール教区のシャルル・モレロ司教が、ジョエル・アラス神父の新たな犠牲者を見つけ出し、聞き取りを行いました。その時の証言が面談の後押しとなりました。司教はすぐにカプチン会スイス管区の管区長と、ジョエル・アラス神父本人に連絡を取ったのです。彼らは、ダニエルとの面談を了承しました。

ダニエルは、彼を暴行した者の証言から『児童性虐待問題を解明する手がかりが引き出せるのではないか』と考えていました。しかしながら、その時の彼は、神父と会うことを決めかねていました。２０１６年7月の時点で神父と対面することは、時期尚早だったのです。彼の心の状態は極めて不安定でしたので、無理に面談を押し進めて、病状を悪化させるという危険を冒すことはできませんでした。

こうしてダニエルは、私が彼に代わって神父に会うことを求めてきたのです。

司教と相談の上、私が神父と会うことに決めました。このような場に居合わせる機会は、そう滅多にありません。私は、ジョエル・アラス神父が、面談を了承したということに興味を引かれました。思うに、神父の決心も容易《たやす》かったわけではなかったはずです。そもそも、児童性愛者が自分の犯した罪について語り、自発的に過去と向き合うのは稀《まれ》なことなのです。

モレロ司教も同席することを了承し、面談は2016年の7月15日、スイス・アルマンのある教区施設で行われることになりました。そのような場所が選ばれたのは、今やジョエル・アラス神父が聖務を禁じられているからでした。その頃、この本はほとんど仕上がっていましたが、ジョエル・アラス神父はその内容を知る由もありませんでした。司教にしても同じことです。

私は、幼いダニエル少年が神父に対して抱いていた恐怖が、現実に自分のものになりつつあることを感じていました。

ジョエル・アラス神父の証言は、彼自身忘れていることも多く、ためらい、黙り込んでしまう時間が度々ありましたが、その全容をできる限り正確に書き留めることにします。

ミシュリーヌ・レポン（執筆協力者）

2016年7月15日、ジョエル・アラス神父と、ローザンヌ・ジュネーブ・フリブール教区シャルル・モレロ司教、ミシュリーヌ・レポンとの対話

「無垢《むく》な子供たちの人生を奪ってしまった」

ミシュリーヌ・レポン（以下、M・レポン）　神父様、あなたは私たちと会い、ダニエルに対して

行った性暴力について話すことを了承しました。その理由を教えてください。

ジョエル・アラス神父（以下、アラス神父）　理由……　それは消し去ることができないもので、逃げることができないことだと思ったからです。私がまずゆるしを乞わなければならないのは、神にではなく、私の悪事の犠牲者たちにです。ですので、彼らのうちの一人でも、私に会いたいと言うならば、あるいは、私が証言することを望むならば、それを受け入れると決めていたのです。

何と言いますか……　私にとっては、越えなければならない壁なのです。私には、自分のしたことを、振り返りたいという思いがあります。しかし、ご理解いただきたいのは、それほど簡単ではないということです。私は今、不安で、落ち込みが激しく、また、絶望感を味わっています……　この数カ月、私はやっと生きているような状況でした。健康状態の悪さに過去の記憶が加わり……　昔のことが呼び覚まされ、頭の中に蘇《よみがえ》ってきました……　私が手を掛けた子供たちが目の前に現われました。みんな幼い子供です……　私があの子たちを破滅させたのです。そうです、私は無垢《むく》な子供たちの人生を奪ってしまったのです。今、私は、ゆるし、あるいは和解と言うべきか、そのためには、私の犠牲者たちに直接会って、誠意ある言葉を掛ける以外に方法がないと思っています。

M・レポン　そのようなことを公に口にしたのは今回が初めてですか？

アラス神父　私のしたことについては、精神科医らに話しました。もちろんのこと、私はまだ治療中です。上長たちにも話しましたが、正直なところ、彼ら以外に話すのは初めてです。私はこの状況を明らかにして、私が罪を犯したということを、認める必要があると、単純に考えました。

私は、私の犠牲者を探し出そうとしました。しかし、それは大変難しいことだったのです……ほとんど記憶がないのです。

モレロ司教様から、ダニエルが過去のことについて本を出そうとしていると聞かされ、うろたえたことを白状しなければなりません……簡単に「どうぞ」と言えることではありません。しかし、よくよく考えた上で、彼の計画を受け入れることにしたのです。上長たちは、賛成していました。私の主治医も、そのような例は聞いたことがないらしく、興味を抱いたようです。

いざ心を決めてみると、不安を感じつつも、心が解放されたのを感じました。目下のところ、辛《かろ》うじて心の平静さを保っていますが、いつ倒れてもおかしくない状況です。日によっては、調子の良いこともあります。写真という趣味があるからです。街なかを歩き、森を散策し、修道院の庭で過ごすこともあります。しかし、突然、気分が悪くなるのです。精神科医からは「双極性障害」の診断を下されています。時々、鬱状態に陥ります。

「なぜ対象が子供だったのか。いまだに答が分からない」

M・レポン　ダニエルがあなたに望むのは、たった一つのことです。彼は私にこう言いました。「誠実であってほしい」。彼が求めるのは真実です。あなたが誠実であることを確信したいのです。この点についてはいかがですか?

アラス神父　できる限り誠実でありたいと思っています。

M・レポン　いったい何が、あなたの中で、これほど多くの子供に性暴力を働かせたのでしょうか？

アラス神父　それは、根本的な問題です。私もそれを常に自分に問い掛けています。それだけを考えています。しかし、いまだに答が分からないのです。答えられません。子供の頃から、確かに自分の中に同性愛の傾向があることを感じていました。ですが、どうしてその対象が子供だったのか。そして、なぜ自分なのか。なぜなのでしょう。分かりません。……［沈黙］……あまりにも無分別だったと思っています……　欲望が自分の中に湧き上がってくると、こう言い聞かせていました。『今やろうとしていることは、恐ろしいことだ！』。しかし、この意識は長くは続かず、また同じことを始めてしまうのです……

M・レポン　しかし、あなたはダニエルに、あなた自身が司祭から「性的な教育」を受けたことを度々語っていましたね。

アラス神父　いいえ、それは事実ではありませんでした。

M・レポン　しかし、そのようにダニエルに話したと……

アラス神父　［ためらいながら］ある友人がいました……　ちょうど同い年でした。この友人と性的関係があったのです……　11歳か12歳だったと思います。私たちにとっては、ほんの遊びのような感覚でした……　しかし私は、この友人を、本気で好きになってしまったのです……［沈黙］……この体験をダニエルに話したのかもしれません。……［沈黙］……覚えてないのです……

M・レポン　可能であれば、どのような状況であなたが、最初の過ちを犯したのか教えてくれますか？　実際に子供に手を出す前に、長いことそれを思い描いていたのでしょうか？　道徳心に問題があったのでしょうか？　何があなたを、ここまで堕落させてしまったのですか？
アラス神父　記憶の整理がつきません……［沈黙］……最初のことでしょうか？　覚えていません。中学生の頃には、すでに仲間と関係をもっていました。しかし、最初のことは……　覚えていません。
M・レポン　最初のことを覚えてないのですか？　重要なことだと思うのですが。
アラス神父　いいえ、覚えてないのです……［沈黙］……中学生時代に、同世代の仲間と性的関係がありました。初めは、相手は自分と同じくらいの年齢だったのです。しかし、大きくなると、相手はいつも自分より下の年齢の子になっていきました。
　つまり、私だけが大きくなり、相手は同じ年齢のままだったということです。彼らはみんな、12歳以下の子供たちでした。なぜその年齢の子供がよかったのでしょうか。それこそが分からない点です。私と相手の年齢の差は、開いていく一方でした。私が年を取っても、私の犠牲者たちは年を取らないままでした。
M・レポン　あなたは今「犠牲者」と仰いましたが、当時からその意識があったのでしょうか？
アラス神父　いいえ、まったくありませんでした。「犠牲者」という言葉は、後に私のことが報道されるようになってから意識するようになったものです。あの当時は、考えてもいませんでした。白々しいでしょうか？　そうかもしれません。頭の中が混乱しています。
M・レポン　かなり混乱していますか？
アラス神父　はい。とても……［長い沈黙］……

「神よ、私は何をしてしまったのか。――私は児童性愛者です」

M・レポン　ダニエルとのことは、どのくらい覚えていますか？

アラス神父　わずかです。何しろ昔のことで……　50年になるでしょうか……　一人の少年、何と言いますか……　無口というわけではありませんが、静かな子でした。……［沈黙］……どうしたわけか、私が覚えているのは、初めはダニエルがよく修道院に来ていて……　ある日突然、もう来ないと言ったことです。私は彼に「オーケー、分かったよ」と言いました。それは覚えています。これで関係は切れました。……［沈黙］……今、私はダニエルを恐れています……　彼には大変なことをしてしまいました。これまで顧みることのなかった事実の前に、引っ張り出される思いです。長い間それを、直視できなかったのです。……［沈黙］……恐ろしいことです。

M・レポン　自分のしたことを覚えていない、などということがあるのでしょうか？

アラス神父　ええ、それはこうです。私は記憶に大変大きな問題があり、完全に忘れてしまっているのです……

M・レポン　記憶を失ったとして、あれだけの罪を犯したことさえ覚えていないのなら、普通に生活ができるのですか？

アラス神父　いいえ。しかし、支援を受けているわけではありません。何度か命を絶とうと考えたこともあります。でも私は、死ぬまいと決心したのです。死ねば、私をよく思っていない人たちの嘲笑《ちょうしょう》の的になってしまいます。犠牲者たちのことを言っているのではありません。他の人たち、たとえば同じ修道士のことです。「やっとあいつが死んでくれた」と言う人もいるはずです。

うか……

ですので、私は自ら命を絶つことはしません。（自嘲気味に笑う）しかし、それが正しいのかど

M・レポン　あなたは、子供たちにしたことが、恐ろしい罪だということにすぐ気づいたのですか？　それとも、ダニエルに告発されるのを待つ必要があったのですか？

アラス神父　いいえ、私は自分の行為がどのようなものかよく分かっていて、耐え難い思いをいつも抱いていました。……［沈黙］……どうしてでしょうか？　当時私は、行為の後で、こう自分に言い聞かせていました。「神よ、私は何をしてしまったのか？」と。このように言い聞かせ、何とかやり直そうとしていました……　しかし、結局そうはできなかったのです……

初めて精神科を訪れた日のことを覚えています。私は、街なかをふらふらしていました。行く当てもありませんでした。その時、突然、病院への地図が書かれた張り紙が目に入ったのです。そこが、自分の向かう場所だと直感しました。私はへなへなと道端に座り込みました。涙がたくさん溢《あふ》れてきました。救急外来に駆け込み、やって来た看護師にこう言いました。「私は児童性愛者です。治してくれますか？」。その日から、始めました。何と言いますか、きれいになるための根本的な治療を、です。

M・レポン　それはかなり昔のことですか？

アラス神父　フランスにいた時のことです、10年以上前になるでしょうか。すでに長いこと『治療をしたい』という思いはありました。何人か、医師の住所を調べたりもしていました。けれど、あの頃は忙しくて、一歩を踏み出すことができなかったのかもしれません。ええ、多分そうだと

思います。

M・レポン　何が踏み出すことの妨げになったのですか？

アラス神父　何がブレーキになったか、ですね。それは『自分が凶悪犯だという事実を、認めねばならない』ということです。それが、重く圧《の》し掛かっていました……　それまで、狂ったように悪事を重ねていたのですから……［息せき切って］問題があまりにも大き過ぎたのです。

M・レポン　今、あなたは「凶悪犯」という言葉を使いましたが、それをどのような意味で使ったのですか？

「二重人格。一方では普通の人間、もう一方では凶悪犯」

アラス神父　私が、残酷で恐ろしい人間だ、という意味です。

M・レポン　そのような自覚があるのですね？

アラス神父　ええ、その通りです。

M・レポン　（あなたに）そのような意識はないはずだ、と言う人もいます。

アラス神父　自覚しているというのは、紛れもない事実です。私は凶悪犯です……　凶悪な児童性愛者で、たくさんの犠牲者を出してしまいました。大変なことをしてしまいました……［沈黙］

M・レポン　「大変なこと」について、どのような感情をもっていますか？

アラス神父　……［沈黙］……穴があったら入りたい思いです……　教えてほしいことがたくさんあります……　どうして、どうして神は、私を止めてくれなかったのでしょう？　……［沈黙］

M・レポン　ダニエルは、子供の頃の記憶の中で、あなたの多重人格性に驚いたと言っています。あなたは、教会でたった今素晴らしい説教をしたばかりなのに、そのすぐ後、香部屋でダニエルを虐待していたそうです。

アラス神父　ええ、私は統合失調症の一種で、実際、二つの人格をもっていました。

M・レポン　当時もそれを自覚していたのですか？

アラス神父　はい。今でもそうです。解離性同一症です。一方では普通の人間であり、もう一方では凶悪犯なのです。私は自分のしたことが分かりますので、こう自分に言っています、「一体どうしてそんなことができるのか？」と。

M・レポン　「二重人格」と感じていたというのですね。つまり、一方の人格は自分のあずかり知らぬところだと？

アラス神父　そういうことではありません。私は自分の犯した罪が自分のせいではないなどとは、決して思っていません。そんな風に思うことなど……

M・レポン　ということは、罪を犯す人格が、そうでない人格より強かったのですか？

アラス神父　まさしくそのとおりです。どうすることもできず、15年前に治療を始めました。「もうたくさんだ」という思いでした。私は、何人かの精神科医を訪ねました。しかし、だめでした。一歩も前に進めないのです。今の主治医とは、前に進むことを目指しています。状況を、よりはっきりと把握できるような、継続した治療を行っているところです。

M・レポン　心理療法《セラピー》によって、何を見つけようとしているのですか？

アラス神父　「自分が何者であるか」ということです。私は、ただの凶悪犯なのでしょうか？　ローザンヌ・ジュネーブ・フリブール教区で、私は青少年の育成に当たってきました。私に合った仕事でした。しかし、いくら成果を上げても、恥ずべき行為によってそれを台無しにしてしまっていました。

　私は、俗世から隔離された世界に、たった一人でいて、壁に何度も頭を打ち付けるのですが、出口は見つかりませんでした。今、修道会内も含め、司牧行為を禁止されています。完全に、世の中から隔離されています。典礼や祭事に未練はありませんが、人間的な関わりが不足しています。街に散歩に出ると、人々は私に近づいて来てあいさつをし「どこから来たのか」と尋ねてきます。すると急に不安になります。

　先日会ったチベット人の女性は、チベットと中国との政治的な問題について教えてくれました。彼女の話には驚かされました。彼女は、話をし終えると去って行きました。すてきな出会いでした。誰かにあいさつをされ「どこから来たか」と尋ねられると、不安になりますが、以前ほどではなくなっているのを感じています……

M・レポン　不安で堪《たま》らなくなるのですね？

アラス神父　はい。どんな人間か知られてしまうことが恐いのです。

M・レポン　あなたの体に、これまで犯した罪が何らかの形で現れているということですか？

アラス神父　ええ、そうです。そのように見られているのではないかと思うと、不安になります。

M・レポン　今回のことが公になる前から、そういった不安はありましたか？

アラス神父　［ためらいながら］そうは思いません。いずれにしても、今ほどではありません。それをいつから知られていたかに不安を感じます。私は今、友人からも、修道院の兄弟たちのほとんどからも背を向けられてしまいました。……［沈黙］……私は、大変な事をしてしまったという恥ずかしさでいっぱいのため、他の人たちと関わることができないでいます。ですので、こうして協力できるのは、嬉しいことでもあるのです。

「ある時は性衝動を抑えられたのに、次には抑えられなかった」

M・レポン　先ほどあなたは「自らの行為の重大さを自覚していたものの、自分の中にある強い方の自分が行動させた」ということを仰っていました。それは、ある意味、性衝動のようなものですか？

アラス神父　性衝動、そのとおりです。しかし、それがどの程度だったかは分かりません。というのは、ある時はそれを抑えることができたのに、次には抑えることができず、再び悪事を働いてしまっていたからです。アルコール依存と似たようなもので、ある種の依存症だったのかもしれません。しかし、どうして私が依存症になってしまったのでしょうか。ある精神科医は「児童性愛は遺伝的な原因によるもの」と言っています。しかし、別な精神科医は「同性愛から生まれるもの」と言っています。また「生来の気質だ」と言う医師もいます。私は、同性愛の体験を除いては、特に問題のない普通の子供でした……　しかし、児童性愛はまた別のことなのです。

シャルル・モレロ司教（以下、**モレロ司教**）　実際に私は、児童性愛が予防できるかどうかを知るために、ある心理学者の所へ行きました。彼女が言うには、個人の性的嗜好の原因については、いまだ究明されていないということでした。
アラス神父　今、精神科医と共に治療を行っているは、そのためです。私は、とにかく答を知りたいのです。
「祈っても、神は何も答えてくれない、沈黙したままだ」
M・レポン　あなたの感じる性衝動とは、結局は何なのでしょうか。
アラス神父　分かりません。激しくはありませんが、突然やって来るのです。ダニエルにしても、最初にカテドラルの香部屋で会った時は、何も起こりませんでした。彼は修道院の近くに住んでいたので、会うことがありました。いろいろな話をしました……よく覚えてないのですが、私に「修道院の中を見たい」と言ってきました。そして、そこで初めて事に及んだのだと思います。これが最初でした。
M・レポン　子供に対して性的に引かれてしまう原因を知ることが、あなたの助けとなるのでしょうか。
アラス神父　今よりは耐えられるようになるのではないかという気がします。しかし、ある時、心理学者が私に言いました。「あなたの重荷を引き出しにしまい、鍵を掛けてください。しかし、くれぐれも鍵をなくさないように」。たぶん、これだけの罪を犯した原因が、自分には決して分からないという事実を、受け入れなければならないのだと思います。

M・レポン　犠牲者たちが、あなたから受けた性暴力に苦しみながら生きてきたということをご存知ですよね？

アラス神父　法廷に召喚された時、私は一部の犠牲者の名前を明かしました。しかし「昔の話をなぜ今さら」と言う犠牲者もいました。本当に驚きました。そんなつもりではなかったのです。それに……［沈黙］……

M・レポン　今、ここに、もしダニエルがいれば、彼に何を話しますか？

アラス神父　ダニエルから手紙を受け取っていました。「自分と同じように、あなたも苦しまなければならない」と記されていました。それを見てこう考えました。『そうだったか。まったく彼が正しい』。……［沈黙］……［激しく動揺して］しかし、私も、本当に苦しんでいるのです……

M・レポン　私の質問は「ここにダニエルがいたら、どう声を掛けるか」ということです。あまりにも自分勝手な答だと思います。「自分だって苦しんでいるのだ」とダニエルに言いたいのでしょうか。ご自身のことはさて置いて、犠牲者たちの苦しみを理解する必要があるのではないですか？

アラス神父　ええ、確かにそうですね。犠牲者たちの苦しみによって私が訴えられているわけですから。

モレロ司教　あなたに傷つけられた人たちが、神を恨《うら》むようになると考えたことはないのですか？　彼らのために祈っているのですか？

アラス神父　［ためらいながら］彼らのことを、よく思い出すのは事実です。しかし、神に私の責任を押し付けることはできません。祈ることもありますが、神は何も答えてはくれません。沈黙したままなのです。

M・レポン　それであなたは「孤独を感じている」と言いたいのですね。そう思えるのですが……

アラス神父　「孤独」というよりはむしろ「不安」です。

「私は、恐ろしい二面性のあるユダです」

モレロ司教　ダニエルは、あなたが司祭であったという事実と自分の苦しみを切り離し、信仰を決して失わなかったという、極めて稀《まれ》な人物です。司祭から性暴力を受けた人は、たいてい信仰を失うものです。そのことで、あなたは苦しまないのですか？

アラス神父　質問の意味がよく分かりません。

モレロ司教　「司祭」とは、他人から信頼される職業です。ですので、犠牲者の中では〝裏切られた〟という思いが強いのです。あなたは、自分の役目が重いということ、そして信者たちに自然と信頼感を与えているということを知っていましたか？　幼い子供にとっては、なおさらのことです。

アラス神父　ええ、もちろんです。だから苦しんでいるのです。私は、裏切り者で、ユダだと思っています。聖書を読むたびに、ユダのことを考えます。

モレロ司教　しかし、あなたはただのユダではありませんよね？

アラス神父　ユダと全く同じではありません。私には、自分でも恐ろしい二面性があります。二面性のない普通の人生を送りたいと願っています。
M・レポン　どのようなことから、二面性を感じるのですか？
アラス神父　二つあります。まず、夢です。長いこと、同じ夢ばかり見ています。夢の中で、私は2人なのです。それはもう、恐ろしい夢です。悪夢です。誰かがベルを鳴らすので、ドアを開けに行ってみると、そこには自分自身がいるのです。あるいは、私によく似た人物です。私が2人いると感じるもう一つのことは〈この世の中には属していない〉という感覚です。まるで、現実の世界から引き離されているように感じるのです。
M・レポン　以前からそのように感じているのですか？
アラス神父　かなり前からです。初めの頃は、それほど強く感じることはありませんでしたが、次第に大きくなり、悪事を自覚するようになってからは、とても強いものになりました。主治医が裁判所に提出した診断書には、私の多重人格について書かれています。
M・レポン　子供の頃からそうだったということですか？
アラス神父　はい、すでにそうでした。世間を離れて生きているような、周りとのつながりが断たれた感覚がありました。私は太っていて、人間関係に難しさを抱えていました。時がたつにつれ、常に二面性を感じるようになりました。お年寄りとならば、問題はありませんでした。近所に住む80歳ぐらいの老婆の家によく行ったものです。彼女とお喋《しゃべ》りするのが好きでした。しかし、誰も私のこのような一面を知りませんでした。
　学校では、無口でおとなしい子供と見られていました。私の頭は、いつも雲の中にあるようでした。先生からよく言われたものです。「ジェルマン、これが私の本名なのですが、またぼんやりして！」　私は夢想家の一面があり、いつも違う自分を考えていました。［息が早まる］二面性……　人によって感じ方は違うと思いますが、それでも……［沈黙］……

「12歳から抜け出せない。今でも大人が恐い」

M・レポン　最初にあなたは、初めて性的関係をもったのは、同世代の子とだったと言いました。そしてそのままあなたは成長し、当時の年齢の子供とだけ関係を重ねるようになったと。しかし、あなたは実際には成長しておらず、あなたの中にいるもう一人が、あなたに代わって成長し、あなた自身は12歳のままにとどまっているという感覚はありますか？

アラス神父　ええ、おそらくそのような類《たぐい》のものだと思います。私は、12歳から抜けだせなかったのです。なぜかは分かりませんが、その感覚が、今も私に染みついているのです。

M・レポン　12歳から抜けだせないということですね。もう少し詳しくお話しいただけますか。

アラス神父　私は今76歳になったのに、大人が怖いのです……　ある成人グループの前で講話をするよう依頼されたことがありました。私は完全にパニックに陥りました。大人だけの集団の前に立つ勇気がなかったのです。最終的には、何とかやりましたが、疲労困憊《こんぱい》しました。今なおこのような二面性を感じていて、そこから大きな不安が湧いてきます。この不思議な感覚については、うまく説明のしようがありません。

M・レポン　あなたは、12歳の壁を越えらないでいるのですね？　そこに留まったままなのですね。

アラス神父　はい。私が将来どのような道を歩むかについては、家族の影響が大きかったのです。母の夢はたった一つ、司祭の息子をもつことでした。私は長男でしたので、重荷を背負うのは私でした。司祭の仕事には興味がありましたが、いずれにせよ、それを選択するには問題があると思いました。では、なぜ司祭になる決心をしたのでしょうか。

話は、少年期に遡《さかのぼ》ります。その時、すでに学校に通っていました。要理《カテキズム》の授業の中で、司祭が私たちに言いました。「祭壇の石に触れてはいけない。死んでしまうこともある」と。にわかには信じられない話でした。子供ながらに『あり得ない』と思いました。ある日、私は、どうしてもそれを確かめたいという思いに駆られました。それで近くの教会に行き、他に誰もいないことを確認し、祭壇に上がり、恐ろしさに震えながらも、石に触れたのです。何も起こりませんでした！［テーブルを叩きながら］「嘘つき神父！」と叫んでいました。この経験によって、私には新たな疑問が生まれたのです。「では、神とは一体誰なのか？」。司祭になりたいという思い――より正確に言えば、神学を学びたいという思い――は、このような疑念から生まれたのです。司祭になるという道を選んだことには、二つの意味があったわけです。一つは、母を喜ばせること。もう一つは、疑問を明らかにすることでした。

M・レポン　「重荷を背負う」と言われましたが、司祭になることが重荷だったということでしょうか？

アラス神父　むしろ、責任の重さのことです。若い頃は、とても満たされていました。学ぶべき事がたくさんあったわけですから。しかし、最近は、完全に衰えてしまったと感じることもあります。

M・レポン　「衰えた」とは、頭の働きのことでしょうか？

アラス神父　ええ、それもありますが、それだけではありません。子供の時分、私は「役立たず」と呼ばれていました。その後もたくさんのおかしなあだ名で呼ばれました。「アラス」という名をもじって「ゼウス（神）」と呼ばれたこともあります。なぜいろいろとあだ名を付けられたのかは、理由があると思います。まずは、私の肥満体型です。それから、私が想像力たくましく、詩をよく書いていたことが挙げられます。

モレロ司教　あなたのそうした風変わりなところが、12歳以上の人には受け入れられにくかったということですか？

アラス神父　なんとも、考えたことはなかったです。主治医に聞いてみます。

モレロ司教　皆があなたを嘲《あざけ》っていたなら、それを我慢するのは辛かったはずです。皆から愛されなかったことで『子供に愛されたい』と思ったならば、それはあり得る話だと思うのです。

アラス神父　はい、その通りです。私はしばしば仲間外れにされ、独りぼっちでした。家族の誕生会があっても、私は早々にその場から離れました。人いきれが耐え難かったのです。家の外に出て、暗闇に浮かぶ月を眺めていました。

初ミサの時のことをお話しします。私は完全に混乱状態でした。ミサを司式しているのに、人前に立っていることが信じられませんでした。家族も、誰も彼もが、きらきらと光って見えました。自分にこう言っていました。「お前はここで何をしているのだ？」。叙階式のときも、私は床にひれ伏しながら、「立ち上がって『やはりできない』と正直に叫ぶべきか」と悩んでいました。こうして話していると、あの時の記憶がよみがえってきます。現実とつながりが断たれた〝本当の自分ではない自分〟がいました。けれどもその後、神学を学ぶことで立ち直ることができました。神学は、私が直面していた問いに答えてくれたのです。

「児童性愛は克服できない。しかし、自分から遠ざけることはできる」

M・レポン　あなたは、心理学も学んだと聞いていますが？
アラス神父　はい。ジュネーブにいる時に勉強しました。あるいは、私はジャーナリストにでもなっていた方がよかったのかもしれません。当時、ジャーナリストには教育学と心理学ができる人材が求められていると聞いていました。私は、ピアジェのコースも受講しました。内心、心理学を学ぶことで困難を克服しあのことから解放されるのを期待していたのです。しかし、心理学を学んだところで、何の助けにもなりませんでした。私の知りたいことについては、一切触れられることがなかったからです。
M・レポン　あなたの仰るあのことは、児童性愛の性癖のことですか？
アラス神父　ええ、それだけではありませんが、私にその性癖があることは知っていました。
M・レポン　あなたと同じように児童性愛の性癖がある人に、どのような声掛けができますか？
アラス神父　以前、同じように尋ねられたことがあります。児童性愛者は〈児童性愛とは何か〉を知る必要があります。治すことはできませんが、自制することはできるのです。行動に移してはいけません。支援を受けるべきです。しかし、言うのは簡単ですが、行うことは難しいのです。
M・レポン　児童性愛は克服できると考えますか？
アラス神父　いいえ、それは無理です。しかし、自分から遠ざけることはできると思います。
M・レポン　どのようにして遠ざけることができるとお考えですか？
アラス神父　そこが問題なのです。私には明確な答がありません。私くらいの年齢になれば、そういった衝動に駆られることはもはやなく、心は穏やかです。胸の奥底にしまい込んでいるのです。完全に司牧行為を禁じられたことで、心が楽になったから、ということもあります。しかし、それだけで問題が完全に解決したのではないことは明らかです。
M・レポン　解決することのできない問題と考えているのですね？
アラス神父　ええ、私にはそう思えます。
M・レポン　仮に40年前に治療を受けていても、何も変わらなかったということですか？
アラス神父　お答えしようがありません。というより、分からないのです。もっと早くに治療を始めていたなら、と思うことはしばしばあります。行動を変え、他のことに喜びを見いだすことが、あるいはできたのかもしれません。……［沈黙］……

「どうして神は私を止めてくれなかったのか」

M・レポン　児童性愛者には、偽善者が多いと言われますが、あなたもそれを感じていますか？
アラス神父　そのとおりです。ほとんど意識せずに、子供の前で善人を装っていました。それで今、私は、子供には決して近づかないようにしています。

M・レポン　偽善は、子供を取り込むための強力な武器だということですか?

アラス神父　そう言えると思います。医師から「あなたは人を誘惑するのがうまい」と言われたことがあります。笑ってしまいました。体つきからして、そうは見えないからです。誘惑することに長けた人というのは、私がイメージしているのとは違うことが分かりました。よく考えてみれば、そのとおりで、まさしく私がそうだったのです。他人の懐に入るのが上手でした。

モレロ司教　それは『愛されたい』という思いでもありますか?

アラス神父　はい、その通りだと思います。頭の中にもやもやとした何かがあり、気持ちの悪さを感じていました。ようやく今、それがはっきり見えるようになってきました。既に遅いかもしれません。しかし……

M・レポン　司教様が、先ほど「司祭から性暴力を受けた犠牲者たちは、信仰を失ってしまう」と言っていました。しかし、あれだけの罪を犯したあなたは、ご自分の信仰に対し何も引け目を感じないのですか?

アラス神父　感じています。私は神を信じていますので『どうして神は私を止めてくれなかったのか』と自分に言い聞かせています。時々詩編を開いてみます。そこには「神は偉大で善である」と書かれています。私の経験を考えれば、それでは辻褄《つじつま》が合いません。しかし「神は決して全能ではない」ということについても、詩編は語っているときがあります。私は、時々、(新約聖書の)「姦通の女」の話を読んでみることがあります。イエスは最後に言います。「行きなさい。これからはもう罪を犯してはならない」。私は、イエスは女に〈責任ある生き方〉を求めたのだと思います。イエスが彼女を引き留めたとしたら、彼女は自分自身から逃れることができなかったと思うのです……　自分自身から逃れることで、彼女には、自分の人生を自分で選ぶことが課せられました。このようにしてイエスは、いつも彼が癒やした人間、彼にすがりつく人たちを突き放すのです。

私は、イエスのこの態度は正しいと思います。私たち一人ひとりには、果たすべき責任があります。イエスは、姦通の女になることを阻止するわけではありません。私に対しても、児童性愛者になることを妨げませんでした。私は、自分自身で自分を変える方法を見つけなければならなかったのです。それこそが、私のすべきことでした。しかし、それを知っても、時は既に遅すぎました。……　私が自分の信仰について考えるのは、このようなことです。聖書を読むのは好きです。聖書は、私にとってとても大切なものです。神はすべてをしてくださるわけではなく、私たちそれぞれに、自分自身で行う自由を与えてくれるのです。時として私たちは、自分自身であり続けるために、他者を必要とします。私も、助けを求めるべきだったと思います。

M・レポン　あなた自身の責任について、自覚しているように思えますが、いかがでしょうか？

アラス神父　はい、自分の責任については、分かっているつもりです。

「犠牲者に与えてしまった苦しみを取り除けないという苦しみ」

M・レポン　罪を背負ったまま死んで行くことへの不安はありますか？

アラス神父　いいえ、生きることに比べれば、死ぬ方が楽です。私の苦しみは〈犠牲者たちに与えてしまった苦しみを、取り除けないこと〉です。時間がたち過ぎてしまいました。今さら、何ができるのでしょうか。遅すぎました。被害を与えたまま死ぬことを考えると、恐ろしいです。死んだ後に、何が起こるのか分かりません。しかし私は、神を信じています！……

M・レポン　あなたは裁判にかけられましたね。

アラス神父　はい、フランスで裁判がありました。

M・レポン　どのような結果になりましたか？

アラス神父　懲役2年の判決を受けました。

M・レポン　服役したのですか？

アラス神父　いいえ、執行猶予付きの判決でした。ほとんどの件が時効になっていたからです。

M・レポン　有罪とされたことで、幾らか心が休まりましたか？

アラス神父　そう思います。有罪になることに怯《おび》えていました。児童性愛者にとって、刑務所は地獄だと聞いていたからです。

とはいえ、判決には驚きました。執行猶予なしの4、5年の実刑判決を予想していましたので……　判決の後、完全に頭が真っ白なまま1日を過ごしました。犠牲者たちへの賠償金など、払えるはずもありませんが、どのような形なら罪を償うことが可能か、他の方法を考えました。そのような経緯で、今回、ダニエルの本で証言することを決めたのです。

M・レポン　そうすることで、ダニエルへの罪が帳消しになると考えたのですか？

アラス神父　いいえ、罪は決して消えません。永遠に私の中に留めておかなければならないものです。……［長い沈黙］……

M・レポン　今、黙って何かを考えているようですが、感情が交錯しているのでしょうか？

アラス神父　二つの相反する感情です。一つは、証言することを受け入れたことで、自分が楽になったこと。しかし、もう一つは、新たな重荷を背負い込んでしまったということです。犠牲者の1人が、私に電話をしてきた時のことを思い出します。私に会いたいと言いました。そして、やって来て、私に大きな石を渡しました。彼は言いました。「あなたをゆるす。しかし、私の苦しみを忘れないようにこの石を置いて行く」と。その石は、部屋にずっと置いてあります。何度も捨てようとしたのですが、その石を見ると、彼のことを思い出してしまい、捨てられないのです。そうです、私は、死ぬまで重荷を背負って行くのでしょう。

M・レポン　重荷を捨て去るためには、何が必要でしょうか？

アラス神父　……［沈黙］……分かりません。この重荷は、私自身が『重荷である』というところから来ると思います。捨てることは、それを自分自身の中に取り込むことかもしれません。私は児童性愛者です。しかし、だからといって、犯罪者になってはいけなかったのです。

M・レポン　ダニエルは、今でも時々、あなたが彼を辱《はずかし》めている場面が「映画のように頭をよぎる」と言っています。あなたもそうでしょうか？

アラス神父　いいえ、映画ではなく、いつも決まった場面が写真のように目の前に浮かんできます。この画像は、とりわけ夜になると私を襲ってきます。恐ろしい夢でも見ているようです。こ

れほど恐ろしい時間はありません。ああ！……［長い沈黙］

「雑誌記事の中にも見られる二面性」

M・レポン　犠牲者と会ったことはありますか？

アラス神父　会った人もいます。

M・レポン　彼らに会って、何を感じましたか？

アラス神父　気が楽になりました。犠牲者を集めて対話することを求めましたが「許可できない」と却下されました。私と会うことに嫌悪感を示すのは分かっていますが、ダニエルと会うことを考える必要があるとも思っています。彼の気持ちを尊重するつもりでいることを伝えてください。私自身の家族や親戚に対しても、申し訳なさを感じています。多くの人が、私から離れていってしまいました。手紙のやり取りをしていた人たちは、手紙を送り返してきました。身を守るためには、それが正しいことです。罪があるのは私で、彼らではないのですから。

M・レポン　ダニエルに定期的に性暴力を振るっていた頃、あなたは『ホワイエ』誌に記事を書いていました。そのうち、二つの記事が見つかりましたが、それはかなり衝撃的なものでした。「クロードの秘密」というタイトルの記事を覚えていますか？

アラス神父　いいえ、まったく覚えていません。

M・レポン　あなたは、その記事の中にダニエルの写真を1枚載せています。そのために、事前に写真を撮っていたようです。当時あなたは、ダニエルのポルノ写真も撮っていました。記事の中であなたは、彼に罰を与えたことを語っています。
アラス神父　［混乱］そんなことがあったのですか？
M・レポン　そうです。記憶にないのですか？
アラス神父　……［沈黙］……
M・レポン　気になるようですね。あなたは「クロード」と呼ばれる少年のことを書いています。彼はある秘密をもっている。彼は病み、苦しんでいるが、大人もうまく尋ねることができないでいる、と言っています。あなたはこの記事の中で、ダニエルとの秘密をそれとなく晒《さら》しているのです。
アラス神父　まったく覚えてないのです。ずいぶん前のことですね？
M・レポン　１９６８年の11月です。ちょうどあなたが、ダニエルに対する性暴力を始めた年です。あなたはダニエルを、以後４年間も暴行し続けたのです。
アラス神父　［驚愕を露わにして］４年ですか？
M・レポン　そうです。１９６８年から１９７２年までの４年間です。
アラス神父　……［沈黙］……
M・レポン　それすら覚えてないのですか？
アラス神父　はい。あまりにも多くの罪を犯してしまったので、覚えていないこともたくさんあるのです。
M・レポン　「真実とは何か？」というタイトルの、もう一つの記事があります。あなたはそこで、人間の「幼児期」と「無邪気さ」についての考察を述べています。あなたの二面性が如実に現れています。例を挙げてみます。「クロードは、世界の子供たちの代表である。穏やかで、喜びにあふれ、時には悲しみ、意地悪で、純粋で、いたずら好きなのだ」。

また、こうも書いています。「子供は、存在するだけで、すでに敬うべき王様のような存在である」。続けましょう。「汚れたこと、醜悪なこと、ずるいことを前にしても、子供は最良の心で反応するのである」。

アラス神父　なんという！……

M・レポン　このような尤《もっと》もらしいことを書きながら、平気でダニエルに暴行を加えていたのです。

アラス神父　おぞましいことです　並みの精神状態ではありません。

M・レポン　記事については、はっきりとした記憶があるものと思っていました。

アラス神父　いいえ……

M・レポン　もう一つお聞かせします。記事の最後に、とんでもないことが書かれています。「子供は、大人を、『自分を認め受け入れてくれる人』と『そうでない人』に分けます。クロードは私をどちらに分けたのだろうか?」

アラス神父　なんということを！　……［沈黙］……　全く覚えていません。

モレロ司教　このようなことを書くには、心の葛藤があったのではないでしょうか……

アラス神父　分かりません。

M・レポン　あなたがこのような記事を書いていたとは驚くべきことですが、その頃ダニエルを暴行していたとすれば、私にはこのようにも思えます。つまり、あなたは、読書に何らかのヒントを与えていた。無意識のうちに「自分自身に何があって何をしていたか」を教えたかったのではないでしょうか。

アラス神父　あり得ることだと思います。

M・レポン　いかにも真っ当なことを問い掛けながら「ある男の子が何か悪いことに巻き込まれている」と仄《ほの》めかしているようにも思えます。

アラス神父　記事のコピーを頂くことはできますか？　私の問題の核心部分だと思います。主治医と話したいです。

M・レポン　ええ、もちろんです。記事の中で、あなたは無意識に自分を危険に晒していると言えるのではないでしょうか……

アラス神父　はい、意識すれすれのところだと思います。

M・レポン　あなたは、一方で別のあなたを見ています。写真は明らかにダニエルですが、あなたはしばしば彼を「クロード」と呼びながら虐待していたそうです……　これらの記事を読んで驚いたのは、あなたの二面性がここにも現れていることです。解離性同一症の傾向が見て取れます。

アラス神父　ええ、それは事実です。二つの人格があるという感覚が、すっかり染み付いてしまっているのです。

「ダニエルにゆるしを乞わなければならない」

M・レポン　最後に、なにか言っておきたいことはありますか？

アラス神父　……［沈黙］……　ダニエルにならあります。言うまでもなく、彼にゆるしを乞わなければなりません。何ができるわけでもないのですが、もし私にできることがあれば、教えてほしいとお伝えください。私には、静寂が必要です。しばらくの間、音楽も聞いていません。幸い、修道院には、大きくて静かな庭があるので、木陰で夕涼みをして過ごしています。しかし、心の平安を感じられる時が来るのでしょうか。このところ、ずっと鬱状態です。ありがたいことに、私のことを理解してくれている看護師がいます。彼女は、私の話を黙って聞いてくれます。彼女をとても信頼しています。彼女と話した後には、癒され元気になった感じがします。しかし、それも長くは続きません。時々、冗談も言います。それで少し心が和らぐこともあります。

M・レポン　今、対談を終えて、何を感じていますか？

アラス神父　思い切り平手打ちを食らった感覚です。しかし、時として、平手打ちも良い結果をもたらします。

M・レポン　平手打ちですか？　つまり、痛手であったと？

アラス神父　はい。自分の犯した過ちについて語ったことで、疲労困憊《こんぱい》しています。体調は決して良くありません。けれども、良くなった部分もあります。前進しようとする気持ちが湧いてきました。質問に答えることで、自分自身をしっかりと見つめ直すことができたと思います。雑誌の記事の件には、驚かされました。

モレロ司教　あなたの証言は、大変貴重なものだと思います。児童性愛者という人たちが、そのことをどう捉えて生きているのかを知ることができました。いかなる悪事を働いたとしても、人間は単なる凶悪犯ではないということです。

アラス神父　はい、そのとおりです。しかし、これだけのことをしてしまった私に『人間らしい部分が残っているのだろうか』とも思っています。凶悪犯は、自分自身の人生も奪ってしまうのです……

M・レポン　性暴力犯の証言を得ることは、彼らの診断や治療に役立ちます。性暴力犯がどのように考えているのかを知ることで、性犯罪を予防することもできるはずです。話す勇気こそが必要です。おそらく、あなたの証言を目にした児童性愛者の多くが、治療を始めることになるでしょう。

アラス神父　話す勇気がないのは、児童性愛者であることが恥ずかしいからです。精神科医に診てもらうことさえためらうほどの恥ずかしさです。私自身、診断されることを避けていました。全くもって、恐ろしいことです！　……［沈黙］……　今日の対談は不安でしたが、今は心が軽くなりました。お二人には感謝いたします。次はもっと良い状態でお会いできれば、と思います。

神父さま、あなたをゆるします　　定価（本体 1,500 円 + 税）

発行日　2019 年 2 月 20 日

著　者　Daniel Pittet（ダニエル・ピッテ）
訳　者　古川 学　©Manabu Furukawa 2019
発行者　山内継祐
発行所　株式会社フリープレス
　　　東京都文京区関口 1-21-15
　　　☎ 03-3266-1121 Fax 03-3266-1123
　　　e-mail info@freepress.co.jp
　　　Website http://www.freepress.co.jp/
著作権代理　㈱フランス著作権事務所
印刷所　モリモト印刷株式会社
販　売　株式会社星雲社　　ISBN 978-4-434-25633-2

printed in Japan　　乱丁・落丁は発行所にてお取り替えいたします。